Über dieses Buch
In mehr als 30 Jahren bei Funk und Fernsehen ist Klaus Feldmann über etliche Versprecher und Ungereimtheiten gestolpert, die *so* eigentlich nicht über den Äther gehen sollten. Nun öffnet er seine Schatzkiste, erzählt Anekdoten über Spaß und Ernst am Mikrofon, die geschätzten Kollegen von Schaumäker bis von Schnitzler und das Geschehen hinter den Kulissen.

Über den Autor
Klaus Feldmann, geboren 1936 in Thüringen, ist gelernter Buchdrucker und Journalist. Von 1957 bis 1963 war er Nachrichtensprecher beim Deutschlandsender des DDR-Rundfunks, von 1961 bis 1989 bei der *Aktuellen Kamera*. Die Leser der Programmzeitschrift *FF dabei* wählten ihn 14 Mal zum »Fernsehliebling«. Ab 1990 war er als Pressereferent, Redakteur und Sprecher u. a. für die DEKRA und Lausitz TV tätig. Heute ist Klaus Feldmann freiberuflicher Journalist und Moderator.

Klaus Feldmann

Verhörte Hörer

Sprecher und Versprecher aus Funk und Fernsehen

EULENSPIEGEL VERLAG

*Zur Erinnerung an meinen Lehrer, Kollegen
und Freund Helmut Pietsch und meine Kolleginnen
und Kollegen von Rundfunk und Fernsehen.*

Kleine Rundfunkgeschichte(n)

Es ist immer wieder beeindruckend, welche Entwicklung mit der Entstehung des Rundfunks einherging. Für mich persönlich bin ich sogar so vermessen, sie mit der Erfindung des Buchdrucks gleichzusetzen. Historiker mögen die Hände über dem Kopf zusammenschlagen ob solcher Anmaßung, aber für mich als Jünger Gutenbergs, also einem gelernten Buchdrucker und Journalisten, der seit seinem zwölften Lebensjahr das Mikrofon nicht mehr aus der Hand gelegt hat, machen beide Erfindungen mein Leben aus. Ob Heinrich Hertz, als er 1888 die Existenz elektromagnetischer Wellen nachwies, die ganze Bedeutung seiner Entdeckung erfasste, kann für mich nur Spekulation bleiben. Hertz erzeugte diese elektromagnetischen Wellen mittels elektrischer Funken, deshalb blieb es wohl auch bei dem Begriff »Funk«, und schuf so die Grundlage einer drahtlosen Nachrichtenübertragung.

Mehr physikalische Details kann ich nicht beisteuern, sie würden meinen technischen Horizont übersteigen, der nach wie vor Bewunderung und Erstaunen zulässt für die technischen Neuerungen bei modernen Medien. Täglich werde ich bei der Nutzung meines Mobiltelefons daran erinnert, wie kurzlebig Neuerungen sind. Während wir voller Begeisterung eine Novität nutzen, grübeln die Erfinder schon darüber nach, welche Steigerung es gibt, wie es besser gehen könnte, und graben ihrer Neuerung selbst das Grab.

Was die Entwicklung des Rundfunks in Deutschland angeht, scheinen zwei Daten von Bedeutung zu sein. Zum einen der 22. Dezember 1920. An diesem Tag gab es die erste Rundfunksendung, die Übertragung eines Instrumentalkonzertes, von der Hauptfunkstelle in Königs Wusterhausen.

Der älteste Sendemast dort ist noch heute weithin sichtbar, wenn man auf der Autobahn A10 fährt und der Verkehr einen Blick in die Landschaft erlaubt.

Auf diesem Areal befindet sich jetzt ein Funktechnik-Museum.

Der Förderverein »Sender KW« kümmert sich um die Erhaltung der Einrichtungen auf dem Funkerberg, und gelegentlich gibt es Veranstaltungen auf dem Gelände, mit denen an die Geschichte von Rundfunk und Fernsehen erinnert wird. Die Fachgruppe DFF-Adlershof (Deutscher Fernsehfunk) hat auf dem Funkerberg eine ständige Ausstellung zu »39 Jahre Deutscher Fernsehfunk / Fernsehen der DDR« installiert.

Premiere hatte die Ausstellung im November 2002, anlässlich des 50. Jahrestages des offiziellen Versuchsprogramms des Deutschen Fernsehens am 21. Dezember 1952 in Berlin-Adlershof. Bekanntlich folgte die ARD erst am 25. Dezember. Die SED und vor allem die Stasi, so heißt es von neuzeitlichen Geschichtsschreibern, hätten von diesem Termin im Vorfeld gewusst. Da die DDR der erste deutsche Staat sein wollte, der ein offizielles Fernsehprogramm ausstrahlt, sei der eigene Termin vor das westdeutsche Datum gelegt worden. Die Wahrheit ist, dass der Tag des Sendebeginns der Geburtstag von J. W. Stalin war und dem großen Vorbild damit gehuldigt werden sollte.

Wie dem auch sei, ehemalige Mitarbeiter des Deutschen Fernsehfunks, der Studiotechnik Fernsehen und zahlreiche Künstler gestalteten eine Ausstellung mit Bildtafeln, Plakaten und Requisiten wie dem Willi-Schwabe-Kostüm, in dem der Schauspieler des Berliner Ensembles *Die Rumpelkammer* präsentierte. Zu sehen ist auch der aus dem 100. *Kessel Buntes* stammende Richterhammer, der in einer Gerichtsszene in zwei Teile zerbrach, als Alfred Müller mit einem kräftigen Schlag auf den Amtstisch Helga Hahnemann zur Ordnung rief und die, angesichts des zerbrochenen Amtsutensils, kaum die Fassung wahren konnte.

Die Ausstellung umfasst die Programmbereiche Publizistik, Sport, die Studios Rostock und Halle, Kinder und Jugend, Unterhaltung, Musik, Heitere Dramatik und Dramatische Kunst. Die Originalkostüme stammen aus den Fernsehwerkstätten und dem Adlershofer Fundus. Eine besondere Attraktion ist das Modell eines Fernsehstudios im Maßstab 1:10, das der ehemalige erste Beleuchtungsmeister im DDR-Fernsehen, Klaus Böttcher, geschaffen hat. Dazu kommen funktionstüchtige Fernsehtechnik mit einem Originalsender aus dem Berliner Fernsehturm und Informationen über verschiedene Produktionsstätten außerhalb Berlins wie das »Haus der heiteren Muse« in Leipzig. Und natürlich sind an vielen Tagen auch ehemalige Mitarbeiter des DFF in der Ausstellung anwesend, um Fragen der Besucher und einstigen Zuschauer zu beantworten. Ich selbst konnte dabei schon viele aufschlussreiche Gespräche führen, die bezeugten: »Es gab nicht nur den *Schwarzen Kanal*!«

Das zweite bedeutende Datum für den Rundfunk in Deutschland ist der 29. Oktober 1923. An diesem Tag wurde offiziell der deutsche Unterhaltungsrundfunk im VOX-Haus in Berlin eröffnet. Das Gebäude gibt es nicht mehr, Besucher des Potsdamer Platzes können sich jedoch eine Vorstellung vom ehemaligen Standort machen: Es befand sich etwa schräg gegenüber vom Weinhaus Huth.

»Achtung, Achtung, hier ist Berlin auf Welle 400 Meter«, gab der erste Rundfunksprecher Walter Krutschke bekannt. Damit war auch ein neuer Beruf geboren. Da sich das Programm nach und nach ausweitete, wurden immer mehr Sprecher und Sprecherinnen benötigt, ebenso wie Menschen, die diese Sprecher aussuchten und Kriterien dafür zu finden hatten. Texte mussten geschrieben werden – so entstand ein neues Betätigungsfeld für Journalisten. Techniker für den Sendebetrieb wurden gebraucht. Auch dafür gab es neue Ausbildungen und schließlich sogar Studienmöglichkeiten.

Vor allem wollte das Programm des neuen Mediums geplant sein, sollten die anfangs wenigen, dann immer zahlreicheren Sendestunden gefüllt werden. Da »original« gesendet wurde – heute nennt sich das »live« –, brauchte der Rundfunk versierte Musiker und Schauspieler, die neben ihrer eigentlichen Tätigkeit gelegentlich im Rundfunk arbeiteten. Schallplatten kamen erst später zum Einsatz (die Entstehung von immer mehr Rundfunksendern beeinträchtigte die Herstellung der schwarzen Scheiben sogar negativ). So fand der Begriff »Mugge« seinen Eingang in das Künstlervokabular: »Musikalisches Gelegenheitsgeschäft«. Der Begriff ist heute noch geläufig, und aus eigener Erfahrung weiß ich, dass die Mugge heilig ist oder zumindest zu meiner aktiven Rundfunk- und Fernsehzeit war. Mugge ging vor Katastrophe! Wer eine Mugge hatte, mit dem wurde der Dienst getauscht. Da sich im Laufe der Jahre jedoch die Spreu vom Weizen trennte, hatten einige Sprecher mehr zu tun als andere, manche mussten völlig ohne Mugge auskommen – es entstand Neid, und die Bereitschaft, den Dienst zu tauschen, nahm ab.

Als sich später für die Rundfunksprecher neue Betätigungsfelder im Fernsehen auftaten, stieg deren Bekanntheitsgrad von einem Tag auf den anderen. Viele von ihnen waren Lieblinge der Hörer geworden, sei es durch ihre Originalität in der Programmansage, sei es durch den Klang ihrer Stimme. Denn das war ja ein entscheidendes

Kriterium für die Sprecherauswahl: Die Stimme musste Aufmerksamkeit hervorrufen. Danach schuf sich der Hörer sein Bild vom Sprecher: War er groß oder klein, schmächtig oder korpulent? Sehr oft traf die Vision jedoch nicht die Wirklichkeit, und als mit öffentlichen Veranstaltungen und dem Aufkommen bebilderter Programmzeitschriften die bislang gesichtslosen Rundfunksprecher ein wenig mehr in die Öffentlichkeit gerückt wurden, sorgte so manches Konterfei für Erstaunen. Die Bewunderung blieb trotzdem, denn die Ansager und Sprecher beherrschen etwas, das für den Normalsterblichen nicht selten mit Schwierigkeiten verbunden war: fehlerfreies Ablesen und Sprechen von Texten.

Gelegentlich jedoch blieb der Hörergemeinde nicht verborgen, dass die Sprechgenies durchaus in der Lage waren, Zungensalat zu produzieren. Das sorgte, je nach Inhalt des zu verbreitenden Textes, mal für Peinlichkeit, mal für Heiterkeit. Natürlich versuchte der Sprecher, seinen Patzer zu vertuschen, vollführte regelrecht sprachliche Klimmzüge, um den verunstalteten Satz oder das missratene Wort wieder hinzubiegen. Das gelang nicht immer, und manchmal verschlimmbesserten die Korrekturversuche sogar den »Lapsus linguae«, wie sprachwissenschaftlich ein Versprecher genannt wird.

Nachrichtensprecher **Hans-Peter Weymar** war bei der Formulierung »Steigerung *des* Wiederaufbaus« ein »der« über die Lippen gekommen. Er wollte nun die korrekte Mehrzahl von Wiederaufbau bilden und gelangte so zu einer »Steigerung der Wiederaufbäue«.

Ähnliche Verrenkungen veranstaltete **Martin Thon** in einem Bericht über die Leipziger Messe. Bei dem Satz »In den Straßen Leipzigs herrschte *ein* reger Messeverkehr« sagte er »eine« und suchte nun in Hunderttausendstelsekunden nach einem weiblichen Hauptwort. Dabei kam heraus: »In den Straßen der Stadt herrschte eine rege Messeverkehrsbetriebsregelung.«

Viele dieser Sprachpannen sind überliefert. Sie wurden von Kollege zu Kollege weitergegeben. Und eines Tages hat mein Lehrmeister und Freund **Helmut Pietsch** damit begonnen, sie zu notieren und in loser Blattsammlung an die Kollegen zu verteilen. *Schatzkästlein unfreiwilliger Komik am Mikrofon* nannte er sie, auch wenn später die Komik vor der Kamera dazukam. Hier konnte jeder mit Name und Hausnummer nachlesen, was die Mikrofonisten in einer bestimmten Zeit von sich gegeben hatten. Die Sammlung war natürlich nur möglich durch die Sichtung von Sendeprotokollen und die »Geständnisse« der Verursacher.

Mit viel Geschick und Überredungskunst gelang es Helmut tatsächlich, die Niederschriften zu vervielfältigen. Das war damals nicht so einfach wie heutzutage. Papier war knapp, und Kopien mussten über das aufwendige Ormig-Verfahren hergestellt werden, das nach der Berliner Firma Ormig benannt ist. Bei diesem sogenannten Spiritus-Umdruckverfahren wird zunächst eine seitenverkehrte Kopie des Originals hergestellt, um dann in mehreren Arbeitsgängen – zum Beispiel wird spiritusgetränktes Papier gegen die Kopie gepresst – wieder ein normales Schriftbild zu erreichen. Die Luft in den Redaktionsräumen war jedes Mal spiritusgeschwängert. Gemischt mit den Gerüchen des Gebäudes ergab sich der typische »Funkhaus-Duft«, den ich als Erinnerung bis heute in der Nase habe.

Wer etwas privat kopierte und sich dazu mit Heimlichtuerei umgab, konnte schnell in den Verdacht geraten, etwas Verbotenes zu tun. Schließlich nutzten Gruppen des Untergrundes, Gegner des Staates, dieses Verfahren zur Herstellung von Flugblättern und Aushängen.

Ormig-Kopien wurden im Rundfunk vor allem für Produktionen genutzt, die eine größere Anzahl von Manuskripten erforderten, wie Hörspiele oder Dokumentationen. Vorsichtshalber wurde von den Manuskripten noch eine normale Kopie zur Archivierung angelegt, da die Farben beim Spiritus-Umdruckverfahren nach einer gewissen Zeit vom Licht zersetzt werden.

Als die ersten Exemplare von Helmuts Sammlung die Runde machten, lösten sie eine solche Begeisterung aus, dass die Redaktionen gern ein wenig von ihrem knappen Papierkontingent rausrückten und Sekretärinnen bereitwillig die Schreibarbeiten übernahmen. Die jeweilige, ohne feste Zeitfolge herausgegebene Sammlung von Versprechern bezog sich in den meisten Fällen auf Patzer aus einigen Wochen Sendetätigkeit. Als eines Tages der Vorsitzende des Staatlichen Rundfunkkomitees, Dr. Hermann Ley, ein Exemplar zu Gesicht bekam, soll er die Hände über dem Kopf zusammengeschlagen haben, weil er annahm, die darin aufgeführten Versprecher seien das Ergebnis eines Sendetages. Nach der Aufklärung durch Helmut Pietsch konnte Ley sein Tagewerk kopfschmerzfrei wieder aufnehmen.

Helmut Pietsch war selbst einer der besten Nachrichtensprecher. Ich kannte ihn in dieser Tätigkeit bereits aus meiner Kinderfunkzeit beim Mitteldeutschen Rundfunk. Später unterrichtete er an der Rundfunkschule in Weimar und war dort mein Lehrer für Deutsch und Sprecherziehung. Nach Auflösung der Schule ging Helmut nach Berlin zum Deutschlandsender und wurde da wiederum 1957 mein Ausbilder zum Nachrichtensprecher. Ich durfte sogar einige Zeit bei ihm und seiner Frau wohnen, als ich nach Berlin kam und es seine Zeit brauchte, ein Zimmer zur Untermiete zu ergattern. So wurde mir Helmut in den Folgejahren unserer gemeinsamen Arbeit zu einem echten väterlichen Freund, der mir auch behilflich war, bei der DEFA als Sprecher für Dokumentarfilme Fuß zu fassen. Er war es außerdem, der mir in meiner Anfangszeit als Nachrichtensprecher über eine Phase der Verzweiflung und Niedergeschlagenheit half.

In meinem Buch *Das waren die Nachrichten* habe ich geschildert, wie ich mit Bravour begann und dann plötzlich kein Nachrichtendienst mehr glatt über die Bühne ging. Kollegen trösteten mich, dass das vorübergehe, sie hätten das alles auch durchgemacht. Das konnte trösten und war gut gemeint, geholfen hat es wenig, wenn ich im Studio meinen Platz vorm Mikrofon einnahm und der Gedanke von mir Besitz ergriff, dass nun Tausende zuhören und Ohrenzeugen meiner eventuellen sprachlichen Stümpereien werden würden. Die Konzentration gerät zur Überkonzentration, und schon ist der erste Versprecher passiert. Es war, als hätte mich eine Phobie erfasst.

Helmut fertigte ein großes farbiges Ohr aus stabiler Pappe an und steckte es auf mein Mikrofon. Ich solle mir nicht Hunderttausende Hörer vorstellen, sondern nur einen, dem ich die Nachrichten vortrage – meinen Vater, die Mutter, den Bruder oder irgendeinen Freund. Das half. Ein wichtiger Nebeneffekt war, dass ich durch diese Methode meine eigene, individuelle Art zu sprechen fand. Am Anfang des Berufes versucht man meistens, einem Vorbild nachzueifern, übernimmt dessen Art und Weise, Nachrichten zu sprechen, nähert sich seiner Diktion, ja, man wird fast zum Imitator. Die wiedergewonnene Sicherheit gab mir das Selbstbewusstsein, meine eigene Gestaltung zu finden. Weil Helmut Pietsch in dieser schwierigen Situation meines Berufsstarts im wahrsten Sinne des Wortes ein Ohr für meine Nöte hatte, kann ich heute im Großen und Ganzen auf ein erfülltes und erfolgreiches Berufsleben zurückblicken. Ich erhebe Helmut nicht zum Idol, seinen Namen werde ich jedoch immer mit Dankbarkeit nennen.

Als ich mich dazu entschloss, viele der Versprecher in einem Buch zu verarbeiten, habe ich lange überlegt, ob ich, wie Helmut, die Delinquenten mit Ross und Reiter benennen kann und soll. Mein Ja dazu fiel eindeutig aus. Zum einen ist es nicht ehrenrührig oder bloßstellend, in diesen rundfunkgeschichtlichen Episoden benannt zu werden, zum anderen dient es auch der Erinnerung an Persönlichkeiten des Rundfunks, die zum Alltag der großen Hörergemeinde von Berliner Rundfunk, Berliner Welle, Radio DDR I und II sowie Deutschlandsender bzw. Stimme der DDR gehörten. Ich hoffe, das können die Nachkommen meiner ehemaligen Kolleginnen und Kollegen genauso sehen, denn ihre hier aufgeführten Ahnen genossen zu ihrer aktiven Sprecherzeit, trotz kleiner Pannen, hohes Ansehen in ihrem Metier.

Ich habe mich wohl verhört ...

Beginnen möchte ich mit dem Titel des Buches, der keine Erfindung von mir ist. Redakteurin **Marianne Hoebbel** verabschiedete sich von den »verhörten Hörern« der Sendung *Pulsschlag der Zeit* auf dem Berliner Rundfunk. Der war den Hörern tags zuvor von **Gisela Kleinert** als »Berliner Rundfink« vorgestellt worden. Der Titel hätte aber auch lauten können »Sehr verhörte Hörer«, nach Lesart von **Herbert Guthke**, oder »Verkehrte Hörer«, nach einer Version von **Hannelore Wüst** auf dem Deutschlandsender.

Die Ankündigung des Senders war im Grunde genommen das, was bei Meldungen von Nachrichtenagenturen oder in der Zeitung die sogenannte Spitzmarke ist, mit der einer Nachricht eine Information vorangestellt wird. In der Regel sind das Ort und Zeit des Ereignisses. Im Rundfunk verkündete der Sprecher wie ein Ritual die Stationsansage mit der Zeit, dem entsprechenden Sender, zu bestimmten Zeiten auch Welle und Frequenz, auf denen gesendet wurde, und seinen eigenen Namen. Letztere Information war nicht etwa der persönlichen Eitelkeit geschuldet, sondern gewissermaßen die Preisgabe der Adresse für Beschwerden der Hörer. Was später zur Qualitätssteigerung in der Industrie in die Losung »Meine Hand für mein Produkt« gepresst wurde und zu makabren Bemerkungen führte, wenn man einem Einarmigen begegnete, galt für die Rundfunksprecher von Anfang an. Qualität sollte einen Namen haben.

Wie das enden konnte, bekam auch **Marianne Haude** (nach ihrer Heirat Marianne Klußmann) einmal zu spüren. Marianne, bei den Kindern durch viele Sendungen des *Butzemann-Hauses* beliebt, war vor allem als Programmsprecherin bei Radio DDR tätig. Diesmal hatte sie ein Konzert mit beliebten Opernmelodien anzusagen. Als sie das bekannte Duett von Frau Reich und Frau Fluth aus *Die lustigen Weiber von Windsor* von Otto Nicolai ankündigte, landeten ihre Augen bei der Nennung des Komponisten eine Zeile zu weit oben, und sie dichtete die lustigen Weiber Gioacchino Rossini an. Marianne muss an diesem Tag sehr zerstreut gewesen sein, denn bei der Absage des musikalischen Disputs rutschte der Blick wieder in eine falsche Zeile, und nun schrieb sie die Oper Giuseppe Verdi zu.

Aufgefallen ist ihr das selbst nicht, aber dafür zahlreichen Hörern, die sogleich anriefen. Man konnte sich nur wundern, wie viele Hörer damals schon ein Telefon besaßen. »Unqualifiziert«, »fehl am Platze«, »keine Ahnung« und »unmöglich« lautete der Tenor der Anrufe, der sich in dreizehn Hörerbriefen wiederholte. Marianne Haude wurde zum Intendanten befohlen. Das war zu jener Zeit **Wolfgang Kleinert**. In diesem Falle erwähnenswert, dass sein Bruder Generalmusikdirektor Rolf Kleinert war. Intendant Kleinert machte keinen großen Sermon, sondern ließ die »Opern-Kennerin« die Briefe selbst beantworten. Das war Strafe genug.

Ich möchte dazu noch anmerken, dass Rundfunkhörer und Fernsehzuschauer mit größter Vorsicht zu behandeln sind. Es ist wie bei Fußballfans: Sie wissen alles besser und wollen immer eine perfekte Leistung geboten bekommen. Sie tragen Fehler nicht nach, vergessen sie aber auch nicht. Ein falsches Wort in einem solchen Entschuldigungsbrief, ein Selbstbewusstsein, bei dem auch nur ein Hauch von Überheblichkeit mitschwingt, und der briefliche Kniefall ist völlig umsonst. Sie sind erledigt. Sie bleiben für immer der Amputierte, der seine Hand für sein Produkt gegeben hat.

Die Begrüßung durch die Sprecher glich mitunter einer regelrechten Anbiederung an die Hörerschar. Da wurde geliebt und verehrt, ja, sogar sehr verehrt, obwohl man dazu eigentlich die betreffenden Menschen kennen müsste. Doch die Jüngeren übernahmen die gestanzten Begrüßungsformeln von den alten Hasen, ohne lange darüber nachzudenken. Oder lehnte sich **Horst Gill** etwa dagegen auf, als er die Hörer wissen ließ: »Meine Damen und Herren, zunächst begrüße ich Sie herzrechtlich zum Abendprogramm«? Variantenreich war Horst Gill auch: »Guten Morgen, meine, seine, sehr verehrten Hörerinnen und Hörer.«

Einige Sprecher schienen einen genaueren Einblick ins Privatleben der Hörer zu haben, etwa **Irmgard Lehmann**: »Guten Tag, meine Damen auf Herren.« Ähnlich geartet die Sprech-Fehlleistung von **Annerose Braumann**: »Guten Morgen, meine Samen und Herren.«

Die Sendernamen mussten ebenfalls einiges aushalten. **Johanna Völkel** sagte ganz überzeugt die »Mittelschwelle Werin« an. Auch **Günter Meyer-Brede** verunglimpfte seine Heimatstadt Schwerin mit der Ansage: »Der Sender Schwien bringt jetzt ein Eigenprogramm.« Ich mochte den etwas zur Vornehmheit und Zurückhaltung neigenden Günter. Umso überraschter war ich, als er mir eines Tages das vertrauliche Du anbot, denn im Falle von Günter Meyer-Brede war das wirklich eine Geste des Vertrauens und der Anerkennung.

Ich habe schon an anderer Stelle geschrieben und in meinen Lesungen darauf hingewiesen, dass Sprecher an Versprechern nie selbst die Schuld tragen. Um Ausreden sind sie nie verlegen, und Günter war ein Meister darin. Tatsächlich unschuldig war er jedoch bei der folgenden Episode. Er las die *Presseschau* zusammen mit **Olf Hauschild**. Der musste plötzlich niesen, drückte die Räuspertaste, verstreute seine Bazillen im Studio, ließ die Taste sofort wieder los, und so vernahm die Hörerschar noch Günters Schreckensruf: »Na, Menschenskind!«

Günter Meyer-Brede ist auch der Schöpfer von: »Die Zeit: 12 Uhr 20. Sie hören Musik zur Unterholung.«

»Heizmaterial und Beleuchtung versteuerten sich«, kam ebenfalls über seine Lippen.

Den Berliner »Rundfink« kennen wir ja schon. Bleibt uns, auch noch **Günther Deckwerths** Berliner »Rindfunk« kennenzulernen.

Hella Lehn begrüßte einmal »die Hörer der Ultrakurzwelle Jessen, die einen Kabelschaden hatten und sich deshalb unserem Programm anschlossen«.

Grete Böhme wollte die Hörer offenbar mit ihrer guten Laune mitreißen: »Hier sind der Deutschlandsender und der Berliner Rundschwung.«

Ach du liebe Zeit!

Heilige Kühe waren die Zeitansagen. Vor allem die im Frühprogramm ab 4 Uhr.

Der zu dieser Zeit das Radio einschaltende Hörer war in der Regel Werktätiger, der während des Radioprogramms seine Morgentoilette verrichtete, deshalb wurde die Musik im Frühprogramm von uns oft »Rasiermusik« genannt. Während des Frühstücks wartete der werktätige Frühaufsteher auf die Zeitansagen, die alle drei bis vier Minuten zu erfolgen hatten, möglichst nicht während eines Gesangstitels. Als das trotzdem einmal unumgänglich war, wartete der Sendefahrer eine geeignete gesangsfreie Stelle ab und gab dem Sprecher **Franz Rudnik** das Rotlicht für die Zeitansage. Der wehrte sich energisch gegen diesen Frevel, nicht ahnend, dass das Mikro schon geöffnet war. »'Wir können ja nischt ...« Das Mikro wurde sofort wieder geschlossen, um nicht noch weitere Bekenntnisse zu verbreiten.

Der Sendefahrer als Kontrolleur und Regisseur des Programms musste ein guter Rechner sein. Jedenfalls vertrauten die Hörer der Zuverlässigkeit der Zeitansagen fast blind und gingen dementsprechend zum Bus, der Straßenbahn oder, falls vorhanden, zu ihrem Auto. Kein Wunder, dass Hörer über die Komik mancher Zeitansage nicht lachen konnten:

Gisela Kleinert vom Berliner Rundfunk habe ich schon »versprecherisch« vorgestellt. Hier eine ihrer Zeitansagen: »Es ist 4 Uhr 35, fünf Minuten nach halb acht.«

Von **Ingeborg Olbricht**, Programmsprecherin beim Deutschlandsender, konnten Generationen von Nachwuchssprechern sehr viel lernen. In den Anfangswochen meiner Sprechertätigkeit hatte ich sehr viel Dienst mit ihr. Ich weiß nicht, ob die Sendeleitung es so einrichtete, dass eine versierte Kollegin mir zur Seite stehen sollte, wenn ich zum Beispiel mit meinem Fremdsprachenlatein am Ende war. Es war jedenfalls sehr hilfreich für mich, und Ingeborg vermittelte gern ihre Kenntnisse an die Kollegen, vor allem was die rumänische Sprache betraf, die sie perfekt beherrschte.

Sie war stets hoch konzentriert bei der Arbeit, obwohl sie des Öfteren bei Dienstantritt den Eindruck hinterließ, etwas neben der Spur zu stehen. Gerade noch rechtzeitig das Funkhaus erreicht, verriet ihre Miene. Ich habe jedoch nie erlebt, dass sie zu spät zum Dienst kam. Einmal war sie zeitlich so in die Bredouille geraten – es war keine S-Bahn, keine Straßenbahn und auch kein Taxi in Sicht –, dass sie kurzerhand ein Fahrzeug der Müllabfuhr anhielt und es mit ihrer Überredungskunst schaffte, dass der Fahrer sie zum Funkhaus bugsierte. Da er dafür erheblich von seiner Route abweichen musste, bat er Ingeborg, sich nicht öffentlich über den Sender zu bedanken, damit er keinen Ärger bekäme. Inge hatte ihm nämlich versprochen, lobend zu erwähnen, wie hilfsbereit die Berliner Stadtreinigung sei.

Inge gehörte zu jenen Kollegen, die in der Marchlewskistraße, einer Nebenstraße der Stalinallee, heute Frankfurter Allee, eine der beliebten Neubauwohnungen beziehen konnten. Sie und ihr Mann erwarben die Berechtigung dazu, weil sie sich fleißig an der Enttrümmerung beteiligten und dadurch viele Aufbaustunden erwarben. Hier wohnten also nicht, wie heute oft kundgetan, nur Bonzen.

Ich kann eine von Ingeborgs Zeitansagen nur so deuten, dass ihr noch im Kopf herumgegangen ist, ob sie das Bügeleisen oder die Kaffeemaschine ausgeschaltet und die Wohnungstür auch richtig abgeschlossen habe: »Die Zeit: 5 Uhr 29. – (Musik hoch) – Entschuldigung, 4 Uhr 39, das kann ja mal vorkommen. – (Musik wieder hoch) – Ich muss mich berichtigen: Es ist 5 Uhr 39. Aber das ist es nun wirklich. – (Musik wieder hoch).«

Horst Nikolaus vom Berliner Rundfunk war im Frühprogramm mit der Zeit auch nicht pingelig: »Es ist 5 Uhr 44, eine Minute nach dreiviertel sechs.«

Gleiche Stelle, gleiche Welle bei **Maren Störig**, nachmittags 15 Uhr 30: »Guten Morgen, meine Damen und Herren, wir bringen Nachrichten.« Nachdem Maren ihren Fünfminutendienst über die Runden gebracht hatte, war ihre Kollegin **Anneliese Koch** an der Reihe: »Meine Damen und Herren, ich begrüße Sie zum Nachtprogramm der Berliner Welle – Verzeihung: Nachmittagsprogramm.«

Falsche Zeitansagen sind eine Seuche. Auch Horst Gill wurde von ihr befallen. So war im Programm des Deutschlandsenders zu hören: »Es ist 7 Uhr 24, vier Minuten vor halb sechs ... Verzeihung, sechs Minuten vor halb sechs ... Verzeihung 7 Uhr 24 ... Nein, es ist inzwischen 7 Uhr 25.« Da ließ Horst nichts auf sich kommen. Genauigkeit muss sein!

Horst Gill war beliebt bei den Kolleginnen, über den Deutschlandsender und die Redaktionen hinaus. Während wir Jüngeren zwar respektvoll, aber manchmal vielleicht ein bisschen flapsig mit unseren gleichaltrigen Kolleginnen umgingen, war Horst stets Gentleman und immer korrekt gekleidet. So ernteten wir bei unseren Versprechern eher Kopfschütteln und Häme, während Horsts Kapriolen mit der Bemerkung abgetan wurden, dass das schließlich jedem mal passieren könne. Horst war auch in mehreren DEFA-Filmen zu sehen. Er war groß, schlank, blond und so für die Besetzungsliste prädestiniert. Er steckte allerdings in der Schublade »deutscher Soldat«, obwohl er mehr der Typ Liebhaber war, wie wir ihn aus alten Ufa-Filmen kennen.

Senderwechsel. Vom Deutschlandsender eine Tür weiter rein in den Berliner Rundfunk, denn die Sender lagen in der Nalepastraße dicht beieinander, sozusagen Tür an Tür. Erst 1964 wurde ein neuer Sendekomplex direkt an der Rummelsburger Chaussee gebaut, in dem Berliner Rundfunk und DT64 ihre Heimstätte fanden. Letzterer hatte zunächst zum Sendestart eine Bleibe im Hörspielkomplex Block B gefunden. Das oben erwähnte neue Senderhaus ist inzwischen entkernt, Zukunft ungewiss.

Mein Rundfunkkollege Wolfhard Besser von der Verdi-Seniorengruppe »Funkhaus Nalepastraße« macht in deren Zeitung *Senioren-Echo* auf einen interessanten Fakt der Gründung von DT64 aufmerksam, der in den vielen Berichten über diesen Sender noch nie Erwähnung fand: Die Idee stammte von der Gruppe *Abend der Jugend*, die freitagabends bei der Jungen Welle von Radio DDR ein abwechslungsreiches Magazin gestaltete. Redaktionsleiter Otto Bark schlug ein Sonderstudio vor, das 99 Stunden am Stück vom Deutschlandtreffen 1964 berichten sollte. Gesagt, getan. Die anschließenden Forderungen aus der Bevölkerung nach einem ständigen Jugendradio waren so vehement, dass sich der Berliner Rundfunk – nachdem Radio DDR abgelehnt hatte – des Projektes annahm. Wenige Wochen später wurde DT64 am 29. Juni 1964 als permanenter Sender gegründet.

Otto Bark verstarb 2014 im Alter von 90 Jahren. Als Otto vom Rundfunk in den Bereich Unterhaltung des Fernsehens wechselte, war er nicht minder kreativ als beim Radio. Ihm verdanken wir unter anderem die erfolgreiche Sendung *Nacht der Prominenten*.

Zurück zum Berliner Rundfunk und zu **Hans Eisenfeld**. Er beendete eines Mittags um 12 Uhr das Programm der Berliner Welle mit folgenden Worten: »Das Vormittagsprogramm ist beendet. Nach der Sendepause beginnen wir um 15 Uhr 30 mit dem Nachtprogramm.«

Hans stammte aus dem Vogtland. Dort hat man möglicherweise andere Schlafgewohnheiten, obwohl die Eisenfelds eine ganz ausgeschlafene Familie sind. Wenn ihnen der Name Eisenfeld bekannt vorkommt, liegt das bestimmt an Kammersängerin Brigitte Eisenfeld. Sollte die ihr Bruderherz einmal bei einer Volksmusikansage gehört haben, wird sie nicht schlecht ins Staunen gekommen sein über den Titel »An der Strahle hellem Sande«.

Da ich Hans Eisenfeld gerade beim Wickel habe, sollen seine Fähigkeiten als Lehrmeister nicht unerwähnt bleiben. Zum 200. Geburtstag von Ludwig van Beethoven übernahm der Berliner Rundfunk mit eigener Ansage die Übertragung des Deutschlandsenders aus der Berliner Staatsoper. Hans machte vor Beginn der Festveranstaltung seine Kollegin Marlene Wolf mit den Einzelheiten des Ablaufs vertraut – nicht wissend, dass das Mikrofon schon in Betrieb war und seine Bemerkungen den Zuhörern nicht entgingen. Dann setzte er sich in Positur und begann mit gewichtigem Tonfall: »Aus Anlass des 22. Geburtstages Ludwig van Beethovens ...« Nach einer Schrecksekunde korrigierte Hans den Lapsus.

Dieter Bisetzki saß für den Deutschlandsender in der Staatsoper und machte es auch nicht besser, als er gegen 21 Uhr die Hörer darauf hinwies: »In der Staatspause hören Sie aus dem Funkhaus Nachrichten.«

Liebe Leser, versetzen Sie sich einmal in die Lage des Sprechers. Sie werden auf die Geräuschkulisse des Festaktes aufgeschaltet, die Hörer haben noch die bedeutungsschweren Worte des Festredners im Ohr oder die gerade verklungenen Takte der Musik, und Sie heben mit leichtem Pathos zu sprechen an, auf alle Fälle gewichtig ... und dann das! Da wünscht man, dass sich die Erde auftue.

Jetzt ein paar Zeit-Ansagen-Delikte in Kurzfassung:

Hildegard Basch: »Es ist 4 Uhr 24, 4 Uhr 27, drei Minuten vor fünf.«

Olf Hauschild: »Es ist 13 Uhr und 42 Zentimeter.«

Werner Schettler: »Es ist 15 Uhr 31. Guten Abend ... Guten Tag, meine Damen und Herren.«

Johanna Völkel: »Es ist 4 Uhr 17 ... nein, Verzeihung: 4 Uhr 22 ... doch: Es ist 4 Uhr 17.«

Noch einmal, wenig später, Johanna: »Es ist 4 Uhr 49, acht Minuten vor fünf.«

In dieser Morgenstunde war wohl der Wurm drin. Auch die Nachrichten wurden von Johanna Völkel nicht verschont: »Die Zeitung *Neues Deutschland* belohnte ...«

Ihre schwache Leistung beendete Johanna an diesem Morgen mit dem Wetterbericht: »Bei schmachen Winden ...«

Ich erwähnte ja schon, dass die Zeitansagen in den frühen Morgenstunden alle drei bis vier Minuten zu erfolgen hatten. Nun wollten die Sprecher aber nicht so lapidar die Zeit von sich geben, sondern noch ein paar witzige Bemerkungen voran- oder hintanstellen. So auch Werner Schettler: »Wenn Sie gestatten, würde ich Ihnen sagen, dass es 5 Uhr 15 ist. Es ist aber erst viertel sechs ...«

Der nächste Streich: »5 Uhr 19. Und nun weiter mit unserem Tanzabend.« Kurz darauf: »Es ist 5 Uhr 21. Aber trösten Sie sich, viel später wird es nicht.«

Alfred Knop: »Das waren die Nachrichten. Die Zeit: Es sind ... es sind jetzt fünf Minuten vergangen.«

Kurt Teiche tat es ihm gleich, indem er nach den Nachrichten kurzerhand mitteilte, dass es »5 Uhr und paar

Minuten« sei. Dieses war der erste Streich, doch der zweite folgt sogleich. Nach den Nachrichten: »In 30 Minuten wird es 5 Uhr 5.«

Über den Berliner Rundfunk lief einmal folgender Dialog zwischen **Brigitta Klaue** und **Heinz Stamm**: Gitta: »Die Zeit: Es ist 17 Uhr 30 ... Verzeihung, es ist 19 Uhr 30.« Darauf Heinz Stamm: »Wählen wir lieber die goldene Mitte, es ist 18 Uhr 30.«

»Es ist eine Minute vor 3 Uhr. 2 Uhr 69«, war eine neuartige Zeitrechnung von **Isolde Thümmler**.

Eine andere Kapriole aus dem *Schatzkästlein* ist die Nachrichtenabsage auf Radio DDR, der wohl die Weisheit zugrunde lag, dass Zeit Geld ist: »Das waren die Nachrichten, gesprochen von Herbert Guthke. Die Zeit: Es ist 6 Mark 80!«

Inge Bartels wollte als Nachrichtensprecherin auch mal mit eigenen Werken bei der Zeitansage aufwarten: »Beachten Sie bitte wieder eine geschmackvolle Zeitansage, ich meine eine genaue: 5 Uhr 54.«

Manchmal durfte man sich für das Nachtprogramm ein Thema selbst aussuchen und den Text verfassen. Auch Herbert Guthke mochte diese Kreativität. Er erzählte den Hörern etwas über Uhren und versuchte, die Zeitansagen geschickt in die Moderation einzubauen: »Ich schaue auf die Studiouhr und sage Ihnen die Zeit: 2 Uhr 23. Nun aber ein Sprung von den ältesten zu modernen Uhren ...« Wissen Sie, worüber er dann sprach? Über Sanduhren, Eieruhren und Wasseruhren.

Manchmal wurde im Frühprogramm der Sprecher zum bloßen Zeitansager degradiert. Musik lief nonstop, Beiträge waren nicht anzukündigen, Nachrichten sagte der Nachrichtensprecher selbst durch, und so amüsierte einmal **Ruth Kühlewind** mit ihrer Verabschiedung aus dem Funkhaus Leipzig die Hörer: »Die Zeitansagen machte

Ruth Kühlewind.« Na ja, irgendwie muss man sich ja ins Spiel bringen. Man steht ja nicht umsonst mitten in der Nacht auf.

Günter Polensen schwebte immer vor, die Zeitansage genau zur vollen Minute zu bringen, und während der Sekundenzeiger lief, ertönte seine Stimme: »Es ist jetzt 5 Uhr 54 ... Moment, noch nicht ganz ... jetzt: 6 Uhr 6.«

An dieser Stelle eine etwas längere Geschichte von Helmut Pietsch zu Günter Polensens Anfangszeit: Günter war noch nicht lange beim Funk, als er eines Abends neben anderen Sprechern in die sogenannte »heiße« Sendung für Westdeutschland geworfen wurde. Heiß deswegen, weil die Sprecher die Manuskripte erst im letzten Augenblick zu Gesicht bekamen. Während die Sprecher sich gegenseitig anstießen, wenn sie mit ihrem Part fertig waren, stand der Regisseur hilflos hinter der Scheibe im Technikraum und konnte nicht mehr tun, als ständig zur Uhr zu sehen und den Männern und Frauen am Mikrofon beschwörende Zeichen zu geben, dass sie entweder langsamer oder schneller sprechen sollen. Der Regisseur fuchtelte mit den Armen herum, damit die Sprecher das Tempo etwas anziehen. Günter sah das, er selbst hatte seine paar Sätzchen schon gesprochen und fühlte sich nun vom gestikulierenden Regisseur zu irgendetwas aufgefordert. Was wollte der bloß? Günter entdeckte in der Ecke einen Gong – Gedankenverbindung hergestellt –, und schon klang es mitten in die geschliffenen Sätze der anderen hinein: »GONG«. Der Regisseur brach zusammen.

Ja, ja, der liebe Gong. Dazu musste der Sprecher an seinem Pult lediglich eine bestimmte Taste drücken, schon ertönte das gewünschte Zeitzeichen. Als einmal **Fritz Beyer** um ein Uhr nachts das Klangzeichen haben wollte, hörte er lediglich ein jämmerliches Klicken. Er schaute zum Gong, aber da hing keiner, nur der Klöppel war da. »Verzeihen Sie«, sagte daraufhin der Fritz, »ich wollte Ihnen die Zeit ganz präzise mit Gong verkünden, aber ich habe gerade keinen dranhängen!«

Johanna Völkel vermischte die Uhrzeit mit dem Klima: »Die genaue Zeit: 15 Grad.« Dafür hieß es ein anderes Mal bei ihr: »Temperatur um 6 Uhr: 4 Uhr.« Hin und wieder bekommt man gerade noch die Kurve; wie Heinz Stamm um 4 Uhr 30: »Temperatur um 0 Uhr ... um 4 Uhr 30: 0 Grad.«

Alle Wetter

Das ist ein gutes Stichwort, um sich den Wetterberichten mit ihren eigenartigen Formulierungen zuzuwenden. Sie, liebe Leser, werden dabei feststellen, dass manche Verballhornung kein einmaliges Versehen ist. Beispiel gefällig? »Nachts leichte Bevölkerungszunahme.«

Nachwuchssprecher wurden von den länger dienenden Kollegen auf die Klippe »Bewölkungszunahme« aufmerksam gemacht. Fast alle alten Hasen waren bei dieser Hürde schon einmal ins Straucheln geraten. Aber wir Jünglinge glaubten, dass uns das nicht passieren könne, und reihten uns, ehe wir uns versahen, in die »Bevölkerungsliste« ein. Da stand zum Beispiel schon der Name von **Horst Link**, der die Wissenschaftler in Erstaunen versetzte, als er »Bevölkerung auf dem Mars« entdeckte. Denn sie hatten nur eine Bewölkung gesichtet.

Einmal traute Horst seinen Augen nicht. Er hatte die Nachrichten erst wenige Sekunden vor der Sendung erhalten, setzte sich vors Mikro, und schon ging es los. Am Schluss kündigte er den Wetterbericht an und schaute auf eine Art Wetterformular mit den Rubriken Wetterlage,

Temperatur, Luftdruck et cetera pp., allerdings nicht ausgefüllt. Und so lautete seine Ankündigung folgerichtig: »Die Wetterlage: keine.«

Der Nachwelt erhalten blieb **Peter Müller-Brandts** Version »Nebelverdichtung je nach Bevölkerungsstärke«. Den Sonnenuntergang verlegte Peter von 18 Uhr 53, geschrieben 18.53, auf »tausendachthundertdreiundfünfzig«. Dafür beruhigte er aber ein anderes Mal die Hörer mit der Ankündigung: »Morgen ist möglichst nicht mit Niederschlag zu rechnen.«

Frühmorgens 5 Uhr 30 meinte **Gerhard Schramm** schon mal, darauf aufmerksam machen zu können, dass nun eine »leichte Bevölkerungsauflockerung« einträte.

Hans-Jochen Rehak bescherte im Wetterbericht »zweiteilige« statt zeitweiliger Winde. Und Horst Gills »süßliche Winde« stießen den Hörern sauer auf. Als Horst mehrmals zu verlesen hatte, dass es vereinzelt Niederschläge geben werde, teils als Regen, teils als nasser Schnee, wollte er ein bisschen Abwechslung in die Ansage bringen und offerierte den Hörern die Sensation, dass die »Niederschläge teils als Schnee, teils als nasser Regen« fallen werden. Solche Weisheiten hauen einen glatt um, was Horst wohl dazu veranlasste, seine Klima-Informationen im »Bretterbericht« zu verlesen.

Helmut Pietsch avisierte den Hörern einmal eine »aufgelockte Bewölkung«, wahrscheinlich frisch onduliert vom Meteorologischen Dienst. Dieser Name war stets in der Ansage enthalten: »Zum Abschluss der Nachrichten der Wetterbericht des Meteorologischen Dienstes der DDR.« Schon da wurde manchmal geschludert. Aus »mete-o-ro-logisch« wurde schnell »metrologisch«.

Rolf Ripperger jedoch brachte einmal ganze Welten durcheinander. Möglicherweise hatte er vor seinem Dienst noch Nachrichten beim »Klassenfeind« gehört;

SFB (Sender Freies Berlin) oder RIAS (Rundfunk im Amerikanischen Sektor). Bei denen war für den Wetterbericht die Formulierung »Wetterbericht des Meteorologischen Instituts der Freien Universität« üblich. Als Rolf Ripperger die letzte Meldung hinter sich gebracht hatte, sagte er im Brustton der Überzeugung: »Zum Abschluss der Nachrichten der Wetterbericht des Meteorologischen Instituts der Freien ...«, hier stutzte Rolf, der Schreck fuhr ihm in alle Glieder. Wie komme ich hier wieder raus?, schoss es ihm durch den Kopf, und er entschloss sich zu: »... Deutschen Demokratischen Republik.« Obwohl die Ohrenzeugen des Vorfalls nichts Gutes ahnten, verlief die Angelegenheit für Rolf relativ harmlos. Allerdings machte ihm sein Chef unmissverständlich klar, dass er ja nun selbst gemerkt habe, wie einen der Klassenfeind verwirren könne.

Irgendwann wurde es Mode, dass immer mehr Journalisten oder Reporter Ansageaufgaben übernahmen, sei es im Früh- oder Nachtprogramm oder für die Magazinsendungen ihrer Redaktion. Sie könnten den Sinn der Texte besser wiedergeben als die speziell ausgebildeten Sprecher, weil diese bestimmte Hintergrundkenntnisse nicht besäßen, lautete die Begründung. Ich möchte mich hier nicht mit dem Für und Wider dieser Entwicklung auseinandersetzen, nur so viel sei angemerkt: Der Sprechkultur hat das nicht in jedem Falle gedient. Ausnahmen bestätigen die Regel. Den »Neeschnuh« beispielsweise, den **Siegmar Krause** fallen ließ, hätte sicherlich auch ein gelernter Sprecher rieseln lassen können.

Niederschläge gibt es in der Regel bei einem Tiefdrucksystem, nicht bei einem »Lied-Druck-System« Marke Horst Gill, dem auch die »Luftdruckgegenschätze« anzulasten sind. Klar und deutlich machte er außerdem darauf aufmerksam, was von einem »Triefdrucksystem« zu erwarten sei. Da fällt, so **Manfred Täubert,** sehr oft »lichter Regen«. Sehr nebulös waren die »Hodennebel« von **Günther Bein.**

Christoph Beyertt muss zugutegehalten werden, dass ihn die Schreibweise bei der Mengenangabe der Niederschläge irritierte. Es hatte sehr stark geregnet, 20 Liter pro Quadratmeter, aus denen Christoph »201 Liter« machte. Im Manuskript stand: »20 l qm«. Und auch die »Ausbildung von Gewittern« geht nicht auf seine Kappe. Sie stand statt »Ausbreitung« so im Manuskript, und es passiert durchaus, dass der Sprecher das beim vorbereitenden Lesen nicht bemerkt, sondern erst beim Verkünden auf dem Sender zusammenzuckt. Zu spät. Mein Lehrmeister und andere Kollegen haben mir deshalb geraten, Texte vorher möglichst laut durchzulesen. Da überliest man Schreibfehler seltener. Daran habe ich mich gehalten.

Beim Verlesen der Texte eilen ja die Augen der Sprecher dem Mund immer ein paar Wörter voraus. So kamen bei Christoph Beyertt und mir gleichlautende Versprecher zustande: »In den Morgenstullen stellenweise Frühnebel und Reifglätte.« Als die »Morgenstunden« formuliert werden mussten, waren die Augen schon bei »stellenweise«, Hirn und Zunge synchronisierten nicht miteinander, und aus Stunden wurden Stullen. Bei Christophs »verschneitem Pulverweh« muss man schon zweimal hinschauen, um zu wissen, dass eigentlich »verwehter Pulverschnee« gemeint war.

Nach Aussagen von Helmut Pietsch soll meiner Person mit »ablaufenden Winden« wieder mal eine neue Variante im Wetterbericht gelungen sein. Zu dem Zeitpunkt war ich noch ziemlich neu im Beruf. Als »Neuerervorschlag« wurde die Formulierung trotzdem nicht registriert. Auch nicht die von **Sergio Günther**, die alle in Erstaunen versetzte: »Ein Tiefdruckausläufer wäscht sich weiter ab.«

»Deutschland verbleibt in einer südlichen Liftströmung«, war eine der Annahmen von Horst Gill, dass es aufwärts gehen könne. Mit »tiefste Nachttemperaturen vielfach klarer« darf ich mich selbst noch einmal ins Spiel bringen. Unklar sei jedoch, so Helmut Pietsch in seiner Anmerkung zu einem anderen meiner Versprecher, ob ich das Folgende politisch gemeint hätte: »im wesentlichen Teil Deutschlands«. Gemeint war der westliche Teil.

Ein »stobender Wirbelsturm« à la Heinz Stamm ist jedenfalls echter Zungensalat. Während man sich seine »süßlichen Windeln« lieber nicht auf der Zunge zergehen lässt.

Viele Versprecher, gerade beim Wetterbericht, sind »schon mal da gewesen«, und die Versprecherlandschaft ist reichlich bewachsen mit Wiederholungen. Doch wie meine Kollegin **Sonja Haacker** vom Deutschlandsender bewiesen hat, gibt es immer wieder neue Triebe. Zu den gestanzten Wetterbegriffen »gebietsweise« und »zeitweilig« fügte sie »gebietsweilig« hinzu.

Eine Bereicherung war auch »in dieser Nacht leichter reden« von Fritz Beyer. »Heiser bis wolkig« geredet hatte sich möglicherweise **Werner Höhne** bei seinem Wetterbericht.

Im Winter war Teil des Wetterberichts der Straßenzustandsbericht. Der war oft alles andere als lustig. Was **Regine Toelg** nicht davon abhielt, die Situation »im Lach- und Bergland« zu schildern. Und die Hörer, die Horst Gills Wetterbericht verfolgten, suchen wahrscheinlich noch heute nach den »Luftdruckgegenschätzen«.

Apropos Luftdruck: Hier führte **Harry Teubner** neue Werte ein. Wahrscheinlich wollte er statt Millibar Millimeter sagen, herauskamen »Millipeter«. Viele Jahre später trat **Lothar Wolf** in dessen Fußstapfen, hinterließ mit »Müllometer« aber eigene Spuren.

Ihre Erfindung »Regen in Form von Scheiern« hat Inge Bartels nicht zum Patent angemeldet.

Vielleicht hatten mich all diese missglückten Formulierungen im Wetterbericht eines Tages dazu veranlasst, von einer »Wettervorherklage« zu sprechen.

Inge Bartels, das muss ich an dieser Stelle einfügen, auch wenn es zunächst weitere Tiefs zum Wetterbericht verhindert, war eine der ersten Nachrichtensprecherinnen auf dem Deutschlandsender. Natürlich hatten auch schon vor ihr Frauen gelegentlich Nachrichten gesprochen, aber nur Inge war bereits zu dieser Zeit kontinuierlich im Einsatz. Ihre Alt-Stimmlage war im Rundfunk einmalig, und so wurde bald auch die DEFA auf sie aufmerksam, engagierte sie für die Wochenschau *Der Augenzeuge*. Wer will es Inge verdenken, dass sie das Alleinstellungsmerkmal ihrer Stimme genoss? Bei manchem Hörer begann das Rätselraten, woher so eine Stimme kommen könne – vielleicht vom starken Rauchen und von Whiskey-Spülungen? Dass so eine Stimme auch von der Natur beschert sein kann, war einfach zu naheliegend und bot der Fantasie zu wenig Raum.

Politik und Religion – reine Nervensache

Meine Erinnerung geht wieder zu Inge Bartels. Oft gab sie Rätsel auf, was sie mit Wortschöpfungen in den von ihr verlesenen Nachrichten gemeint haben könnte. Bei einer Panzerkolonne die zur »Panzerkolonie« wurde, ist der Wortstamm noch einigermaßen erkennbar. Aber wer aus einer gedungenen Bande eine »gedrungene Bande« macht, sollte die Maßangaben der untersetzten Schurken nicht vergessen. Eines Tages behauptete sie kühn, »dass die Mitgliedstaaten des Warschauer Vertrages nicht nur mit Waffen, sondern auch mit neuen konkreten Taten ihr aufrichtiges Streben nach Frieden bekräftigen wollen«. Hier war wirklich das Wort zur Waffe geworden. Da zuckten die Redakteure und Chefs des Senders zusammen, als seien sie an ein Stromkabel angeschlossen worden. In solchen Fällen folgte immer eine »Aussprache«. Wie konnte es dazu kommen, wurde der Übeltäter zumeist gefragt. Was sollte der antworten? Er wusste es ja selbst nicht. Vielleicht war heute nicht sein Tag? Vielleicht bekam er persönliche Probleme nicht aus dem Kopf?

Häufen sich die sinnentstellenden Versprecher, kann sich der Sprecher nur selbst die Frage stellen, ob er der Aufgabe nervlich noch gewachsen ist. Tut er es nicht, tun es andere. Sehr leicht geriet man bei den als »politisch« eingeordneten Versprechern in Verdacht, ideologisch nicht auf der Höhe zu sein. Jeder Leiter war nun gefordert, eine politische Aussprache zu führen. Da spielte es eine große Rolle, ob die angesetzten Schulungen und Seminare regelmäßig besucht worden waren. Andeutungen auf die Westverwandtschaft blieben nicht aus. Wer kein Mitglied der SED war, hatte wenigstens nicht zusätzlich die Debatte in der Parteiversammlung zu erdulden, wo es die Genossen immer »gut« mit einem meinten. Die Furcht vor derartiger Exhibition hemmte viele Kollegen in ihren Leistungen, weil sie nicht frei waren von Angst, und die wiederum war der Stein des Anstoßes für Fehler.

Wer hingegen über jeden politischen Zweifel erhaben war oder so fest im Sattel saß, dass ein Angriff auf ihn nicht sinnvoll erschien, der konnte sich schon mal »über die im Adenauer-Staat Eingekehrten« äußern, wenngleich von den Eingekerkerten die Rede hätte sein sollen. Mit **Karl-Eduard von Schnitzler** wollte sich keiner anlegen.

Er selbst erinnerte sich nicht gern an eine Reportage vom Marx-Engels-Platz und wollte auch nicht daran erinnert werden: »Und wenn ich die Linden hinabschaue auf das wogende Meer der Jugend in ihren Braunhemden ...« Es folgte eine lange, lange Pause. Wahrscheinlich überlegte »Kled«, wie er genannt wurde, ob er doch noch Blauhemden als Korrektiv einsetzen sollte, verzichtete aber schließlich darauf. Der RIAS allerdings schlachtete von Schnitzlers Fehlleistung weidlich aus. Umgekehrt hätten wir es auch nicht anders gemacht.

Reportagen, Nachrichten und die Arbeit der Programmsprecher gingen zumeist live über den Äther. Wer aber nun denkt, Bandaufnahmen oder andere Aufzeichnungen seien sicherer, den muss ich enttäuschen. Wenn die Aufnahmen nicht gewissenhaft bearbeitet werden, kann es auch da peinliche Zwischenfälle geben. So liefen bei einem Kommentar von Karl-Eduard von Schnitzler zwei Kommentaranfänge hintereinander über den Sender, inklusive der Zwischenbemerkung: »Verfluchter Mist, fahrt die ganze Scheiße zurück, ich fang noch mal an.« Dass diese Bemerkung ausgestrahlt wurde, dafür trug der Aufnahmeleiter die Verantwortung. Dafür, was mit der unanständigen Wortwahl von seinem Kommentar zu halten war, der Autor.

Es empfiehlt sich also, damals wie heute, auch bei Aufzeichnungen nur stubenreine Bemerkungen zu machen, falls etwas schiefgeht.

Was für ein Mäusedreck dagegen der Verhaspler von Inge Bartels: »Präsident Wilhelm Pieck verteidigte die neue Regierung.«

Die Aneinanderreihung des Genitivs, die sogenannte Genitivtreppe, ist in den Nachrichten bei Titeln gang und gäbe. Da in unseren Nachrichten die Funktionäre möglichst mit allen ihren Titeln und Ämtern benannt werden sollten, gerieten derartige Sätze zu regelrechten Wendeltreppen und Genitivspiralen: »Der Erste Sekretär des ZK der SED und Vorsitzende des Staatsrates der DDR und Vorsitzende des Nationalen Verteidigungsrates ...« Aus Platzgründen habe ich die Abkürzungen nicht ausgeschrieben, was normalerweise üblich war. Schwerer als es der Redakteur formulierte, hätte es sich Inge Bartels aber nicht machen müssen: »Der stellvertretende Landesvorsitzende der Pazifizistischen Sozialistischen Partei der Niederlande ...«

Am 1. September, dem Tag des Friedens, ließ Inge die »Friedensfeuer entlang der Zonengrenze läuten«. Ihre Liste origineller Pannen ist ziemlich lang. Mehrmals nahm sie Anlauf und kam trotzdem nicht über die »Nußkacker-Suite« hinweg. Sie sprach von »Parteiläusen« statt Parteilosen und ließ den jugoslawischen Staatspräsidenten Tito sogar »jugoslawische Margarine-Einheiten« besichtigen.

Was ich über Aufnahmen geschrieben habe, soll noch ein paar Ergänzungen erhalten. Mit Bandaufnahmen möchte man ja auf Nummer sicher gehen. Aber auch da gibt es heiße Situationen, wenn zum Beispiel das Manuskript sehr spät fertig wird und der Aufnahmeleiter unter Zeitdruck das Band sendefertig machen muss. Er hat während der Aufnahme natürlich die Versprecher auf dem Manuskript verzeichnet und geht nun in aller Eile ans Cuttern. Aber es kann passieren, dass der Redakteur ins Aufnahmestudio stürzt und dem Aufnahmeleiter das ungeschnittene Band förmlich aus den Händen reißt.

So passiert mit der Sendung *Berliner Stadtreporter* des Berliner Rundfunks. **Guido Mattschek** als Stadtreporter berichtet über dies und jenes und kommt zu erfreulichen Dingen im »Demokratischen Sektor«: »In die Hörsäle und Seminare der Humboldt-Universität werden mit (etwas geholpert) Semester-beginn – (Pause) – is ja Scheiße –«, und beginnt den Satz von vorn. Peinlich, peinlich!

Es kommt noch besser. Man möge meinen, dass die Nachbearbeitung von Musikaufnahmen in aller Ruhe geschehen kann. Eine Sendung des Senders Schwerin belehrte uns eines Besseren. Es lief ein sinfonisches Werk in mehreren Sätzen. Gastdirigent war **Rudolf Neuhaus**. Der erste Satz ist verklungen, es folgt eine Pause. Der zweite Satz läuft etwa zwei Minuten, dann hört man den Taktstock des Dirigenten und seine Worte: »Meine Herren, alles Kacke mit Ei, alles Kacke mit Ei!« Die Sendung wurde trotzdem fortgesetzt, das Band enthielt keine weiteren Unterbrechungen.

Beim Landessender Schwerin blieb selbst die kirchliche Morgenfeier nicht von Pannen verschont. Hier bewegen wir uns aber schon wieder im Bereich der Originalsendungen. Der Pfarrer, der sonst immer die Ansprache hielt, war eines Sonntags verhindert. Der Ersatzmann wurde eingewiesen: »Nach dem Glockengeläut bekommen Sie Handzeichen, dann fangen Sie mit Ihrer Predigt an.« – Gesagt, getan. Die Glocken werden schwächer, das Handzeichen kommt – der Pfarrer schweigt. Erneutes

Zeichen – nichts. Beschwörende Handbewegungen der Regie – und dann endlich: »Kann ich jetzt anfangen?« Zustimmendes Nicken. »Liebe Gemeinde!«

Seitdem wurde auch in Schwerin die Morgenfeier auf Band aufgenommen.

Sprachgenie **Axel Veit** war einmal rettender Engel für eine kirchliche Morgenandacht. Die bereits auf Band aufgenommene Predigt wurde von Axel sicherheitshalber noch einmal abgehört. Offenbar musste neben dem Herrn Pfarrer noch dessen Frau im Studio gewesen sein, denn Axel hörte nach der geistlichen Ansprache die von einer Frau geflüsterten Worte: »Nun musst du ›Amen‹ sagen.« Und schon ertönte markig und salbungsvoll: »Amen!«

Bei einer anderen Bandaufnahme hatte sich der Pfarrer versprochen, und deutlich war sein Ausruf zu hören: »Ach, du lieber Gott! Muss ich nun den ganzen Sermon noch einmal herbeten?« Auch hier rettete Axel Veit durch einen Schnitt die Andacht.

Zur Weihnachtszeit begab sich **Gerhard Edelmann** aufs Land, um eine stimmungsvolle Reportage zu erstellen, die dann folgenden Satz enthielt: »… und fröhliche Kinderaugen stehen um uns herum.«

Ebenfalls um die Weihnachtszeit las **Kai Dietrich Voß** mit großer innerer Anteilnahme Literatur: »… und seine Tränen füllten sich mit Augen …« Es war jener Kai Dietrich Voß, der später als Sprecher der *Tagesschau* zu hören war. Es gibt viele der in diesem Buch Genannten, die nach dem Verlassen der DDR Rundfunk- oder Fernsehkarriere in der Bundesrepublik machten. Martin Thon wird in den Annalen der *Tagesschau* als Sprecher aufgelistet, Harry Teubner war viele Jahre Chefsprecher bei Radio Bremen, und **Hanna Pfeil** ist eine Legende des Hessischen Rundfunks.

Wo senden sie denn? – Stationsansagen

In die Stationsansage floss durchaus das Herzblut des Sprechers. Wir waren schon ein wenig stolz darauf, bei diesem oder jenem Sender unter Vertrag zu sein, und man saß auch mit geschwellter Brust vorm Mikrofon, wenn hochkarätige Sendungen angesagt werden mussten. Als ich zum ersten Mal eine Ansage für das Wartburgkonzert zu sprechen hatte, ein Konzert, dem ausländische Rundfunkstationen zugeschaltet waren, zum Beispiel aus Österreich oder der BRD, kam ich nicht so leger gekleidet zum Dienst wie an anderen Tagen. Das war ein großes Ereignis für mich, und ich wusste meinen Kollegen Dieter Bisetzki in Eisenach mit Smoking auf der Bühne, da duldete ich mich nicht mit Räuberzivil im Studio.

Jemand erzählte mir, dass bei den Abendnachrichten im BBC-Hörfunk viele Jahre ein Cutaway, ein festlicher Tagesanzug, vorgeschrieben gewesen sei. Sicherlich war meiner Stimme auch die Anspannung und Aufregung anzuhören. Was, wenn die Ansage so ausgefallen wäre, wie es früher schon passiert war? »Hier ist der Deutschlandwelle« à la Günter Polensen, oder die Version von Ingeborg Olbricht: »Hier ist der Deutschlandsieder«, oder gar »Hier ist der Deutschlandschlender« …

Betrachten wir Abgründe bei Stationsansagen etwas näher. Die Kollegen des Berliner Rundfunks hatten von 1958 bis 1971 auch Sendungen der Berliner Welle zu realisieren. Und so konnte es geschehen, dass man erst Nachrichten auf dem Berliner Rundfunk las, dann aber zur Welle wechselte. Bei Programmansagern war es ähnlich. Nachrichtensprecher Heinz Stamm titulierte seinen Sender als »Berliner Wänne«, Annerose Braumann wusste durch das Sender-Hopping überhaupt nicht mehr, wo sie war: »Hier ist der Berliner Rundfunk ... Nein, Verzeihung ... Ja doch: Hier ist der Berliner Rundfunk!«

Das war aber mitunter auch ein Hin und Her für die Kollegen. Zum Beispiel trennte sich montags bis freitags die Berliner Welle um 4 Uhr 35 nach den Nachrichten vom Berliner Rundfunk. Als nun eines schönen Sonnabends Peter Müller-Brandt seine Nachrichten vollendet hatte, war ihm nicht gleich gegenwärtig, welcher Tag war, und er verkündete: »Die Hörer der Berliner Welle empfangen nach kurzer Umschaltpause – (Peter sieht vor seinem Fenster, wie Sendefahrer und Techniker gestikulieren; plötzlich fällt der Groschen) – Sonnabends nie! Wir schalten nicht um.«

Schaltungen in andere Städte oder zu anderen Funkhäusern waren zum Beispiel in Magazinsendungen gang und gäbe. So gab **Bärbel Krause** in einer Sendung von Radio DDR nach Karl-Marx-Stadt, heute wieder Chemnitz, ab. Nach der Einblendung verabschiedete **Heinz Weber** sich mit der Bemerkung: »Wir schalten zurück nach Berlin zu Bärbel Wachholz.« Weber rief anschließend bei Bärbel Krause an und hoffte, dass sie sich doch wohl geschmeichelt fühle. Nein, Bärbel Krause fühlte sich nicht!

»Hier ist Radio DDR mit seinen Nachsendern« war eine Formulierung, die in die Geschichte einging. Unter dem machte es **Melchior Vulpius** nicht (nicht zu verwechseln mit dem gleichnamigen Komponisten). Schließlich war er ein später Nachfahre des Dichterfürsten Goethe und seiner Frau Christiane Vulpius.

Mein Kollege **Lothar Schumacher** hatte nicht nur einen Buchstabendreher, als er die Hörer des Deutschlandsenders wissen ließ: »Vom Außensender hörten sie die deutsch-politische Umschau.« Ich bringe den Satz mal in die richtige Wortfolge: »Vom Deutschlandsender hörten Sie die *Außenpolitische Umschau.*« Einen Preis hatte er sich damit auf keinen Fall verdient. Dafür war er aber selbst großzügig bei der Preisvergabe: »Leonid Kogan erhielt den ersten Preis im Musik-Bettbewerb!«

Ziemlich orientierungslos, aber für die montägliche Morgenstunde um 5 Uhr ungewöhnlich fröhlich gestimmt, verkündete **Werner Fink**: »Ich begrüße Sie herzlichst zum Wochenbeginn. Heute ist Sonnabend, der 27. Juli.«

Große Aufregung herrschte, und böse Worte von Kollegen waren die Folge, als **Hermann Matt** von Berlin in die Messestadt Leipzig schalten ließ mit den Worten: »Und nun schalten wir um in die Provinz nach Leipzig.« Zu gegebener Zeit beorderte die Sendeleitung Hermann Matt für mehrere Tage Dienst ins Leipziger Funkhaus.

Hermann war immer mal wieder für ein paar Sprüche gut. Deshalb bin ich mir heute noch nicht in jedem Fall sicher, ob nicht mancher Matt-Versprecher ein gewollter Gag war. Wie dem auch sei, hier einige von Hermanns Matt-Scheiben:

»Damit verabschiedet sich von heute für Ihnen Hermann Matt.«

Den französischen Außenminister Bidault spülte er als »Bideh« über die Zunge.

»Salamigurken« schmuggelte er in eine Gemüselieferung aus der Sowjetunion. Wobei man bei dem über alle Maßen hochgelobten sowjetischen Botaniker Mitschurin nie sicher sein konnte, ob er nicht wirklich aus einfachen Salatgurken ein solches Fleischgemüse gezüchtet hatte.

Beim Wetterbericht verkündete Hermann die »weiteren Absichten«, und bei einem Hinweis zur Stromversorgung kam der bereits erwähnte Gag-Verdacht auf:

»Spitzenbetastungszeiten«. Auf alle Fälle gewollt war seine Ansage nach längerer Abwesenheit vom Mikrofon: »Hier spricht Hermann Matt. Angeschlossen der Deutschlandsender.«

In der Sendung *Aus dem Musikleben* konnte »Männe« es sich nicht verkneifen, von der Richard-Wagner-Oper »Tristan in Isolde« zu sprechen.

Zu jener Zeit gab es wegen der Papierknappheit noch nicht genügend Programmzeitschriften. Deshalb waren Programmhinweise eine ständige Tagesrubrik im Sendeablauf. Das Magazin der Frauenredaktion *Die Frau in unseren Tagen* verwandelte Hermann in gekonnt Mattscher Art und Weise in »Die Frau in ihren Tagen«. Selbst Kindersendungen erhielten durch Männe einen neuen Titel, dafür hatte er ein Gespür: »Barbara und die Sprühnasen«.

Auf Radio DDR nahm sich der Intendant die Zeit, Fragen der Hörer, die sich in Briefen an ihn gewandt hatten, zu beantworten. Die Sendung hieß hinter vorgehaltener Hand »Der Hörer fragt nicht, wir antworten trotzdem!«. Die Ironie gaben wir später auch an eine entsprechende Fernsehsendung weiter.

Einer Programmänderung war es geschuldet, dass Hermann Matt kurzerhand mitteilte, dass »der Intendant heute entfällt«. Die Hörer waren wahrscheinlich einverstanden damit, dass er sie am Ende seiner Ausführungen bat: »Wir bitten um Verständnis für diese Programmhinweise ...«

So, und jetzt versuchen Sie einmal, liebe Leser, die folgende Buchstabenreihe fehlerfrei ohne Stocken zu lesen: »UdSSFSSSUDSSR«. Bravo, wenn Ihnen das gelungen ist. Ursprünglich stand die Abkürzung für »Union der Sozialistischen Sowjetrepubliken als UdSSR« in den Nachrichten von Hermann Matt.

Hermann Matt war verheiratet mit der Schauspielerin **Ingeborg Nass**. Oder lebten sie nur in »wilder Ehe« zusammen? Ich kann es nicht hundertprozentig sagen. Eines Morgens jedenfalls soll im Hause Matt/Nass das Telefon geklingelt haben, und der Anrufer bat: »Könnte ich Ihren Mann sprechen, Frau Matt?« Darauf Inge: »Ich bin Nass, mein Mann ist Matt!«

Vielleicht finden Statistiker heraus, dass Programmsprecher gegenüber den Nachrichtensprechern proportional stärker an der Mikrofonkomik beteiligt sind. Das mag damit zusammenhängen, dass Nachrichtensprecher sich damals nur alle zwei Stunden, höchstens jede Stunde zu Wort meldeten, lediglich im Frühprogramm von vier Uhr bis sieben Uhr jede halbe Stunde, die Programmsprecher jedoch fast pausenlos Musik ankündigen, Schul-, Land- und Frauenfunksendungen ansagen mussten. Da kann **Uda Echtner** vom Berliner Rundfunk schon verziehen werden, wenn sie zu verstehen gab: »Für unsere Langfunkhörer schalten wir um zum Fundhaus Potsdam.«

Doch abwarten! Zu den Nachrichtensprechern kommen wir noch.

Fündig werden wir auch bei Peter Müller-Brandt, der mit einer seiner Ansagen einen Telefonanruf auslöste. Er hatte Liebeslieder von Nationalpreisträger Paul Dessau anzukündigen. Wie er sich der Aufgabe widmete, war ungewöhnlich: »Hören Sie nun drei Lieblingslieder von Nationalpaul-Preisträger Dessau.« Der Anrufer ließ Peter wissen, dass er sich köstlich amüsiert habe und ihn direkt mal kennenlernen möchte, und verabschiedete sich mit: »Ihr National-Paul!«

Immerhin fand der Versprecher Eingang in ein Anekdotenbuch über Musiker, Komponisten und Dirigenten: »Zwischen Götterspeise und Ochsenmenuett« von Werner Hennig.

Zu Peter Müller-Brandt gibt es eine längere Episode aus seinen Anfangs- und Lehrjahren. Als Programmsprecher musste er unter anderem um 19 Uhr 42 den Kommentar ansagen. 19 Uhr 50 begann dann das Abendprogramm mit einer Novelle von Guy de Maupassant, *Morin, das Schwein*. Ich will mich nicht dabei aufhalten, dass Peter für Morin die deutsche Aussprache »Morine« wählte. Ins *Schatzkästlein* passt vielmehr der weitere Verlauf des Programmgeschehens: Der Nachrichtensprecher gab nach seiner Absage durch Lichtsignal zu verstehen, dass er fertig sei. Sein Mikrofon wurde geschlossen, und er unterhielt sich über Kommandotaste noch mit den Kollegen der Technik, sodass keiner darauf achten konnte, was Programmsprecher Peter Müller-Brandt von sich gab. Schon das war nicht gerade vorschriftsgemäß.

Peter hatte sich so intensiv auf sein schwieriges Abendprogramm vorbereitet, dass er auch sofort 19 Uhr 42 damit anfing: »Meine Damen und Herren, wir begrüßen Sie zu unserem Abendprogramm. Sie hören heute eine Lesung aus Guy de Maupassants Novellensammlung *Morine, das Schwein!*« Er blinkt ab, Mikro aus, die Technik drückt auf den Abspielknopf des Bandgerätes und ... es ertönt natürlich noch nicht die Lesung, sondern der Kommentar: »Guten Abend, meine Damen und Herren!« Immerhin gelang die Absage tadellos. Peter musste aber am nächsten Tag beim Sendeleiter **Hanne Windisch** antanzen. Dessen Reaktion ist bis heute nachahmenswert, war aber zu jener Zeit durchaus nicht gang und gäbe. Er schob dem Delinquenten eine Kiste Zigarren zu und sagte nur: »Junge, was soll ich bloß mit dir machen? Nimm dir eine raus!«

Kann ich den Erzählungen älterer Kollegen Glauben schenken, wäre in der sogenannten Stalin-Ära die Sache nicht so glimpflich abgelaufen, wo man hinter jeder

Panne Absicht und Sabotage vermutete. Als ich 1957 meine Sprechertätigkeit beim Deutschlandsender begann, musste ich diese Ängste schon nicht mehr haben. Was auf späteren Seiten über Versprecher in den Nachrichten noch zu lesen sein wird, hätte manchen Archipel Gulag allein mit Nachrichtensprechern füllen können.

Dafür war folgende Episode im Umlauf: In Vorbereitung einer der häufigen Volksbefragungen, diesmal zum Thema der Gleichberechtigung, fragte ein Reporter Frauen nach ihren Forderungen, Erwartungen, Wünschen und Hoffnungen. Die Antwort enthielt das, was gern gehört wurde: Frieden, Einheit, Fortschritte beim Aufbau des Landes usw. O Schreck, als anschließend der Titel *Was eine Frau im Frühling träumt* lief.

1950 hatte Präsident Wilhelm Pieck der Volksrepublik Polen einen ersten Staatsbesuch abgestattet und an der Oder-Neiße-Grenze dem polnischen Staatspräsidenten Bolesław Bierut symbolisch die Hand gereicht. Zur Gegenvisite kam Bierut nach Berlin. Mit dem Zug sollte er auf dem Ostbahnhof eintreffen. Die Ankunft wurde live übertragen. Um die Stimmung einzufangen, wurde vom Funkhaus immer mal wieder zum Reporter im Ostbahnhof geschaltet. Der berichtete von freudigen und erwartungsvollen Werktätigen, die den Gast herzlich willkommen heißen wollten, aber auch geduldig warteten, weil sich die Ankunft des hohen Gastes etwas verzögerte.

Direktübertragungen hatten in jenen Jahren durchaus noch ihre Tücken, und dem Reporter stand auch kein Info-Team zur Seite. Zumeist war er auf sich allein gestellt und musste sich in diesem Falle vom Fahrdienstleiter oder von Verantwortlichen der Begrüßungsdelegation die Informationen selbst einholen. So ließ er sich lieber einmal mehr als zu wenig auf den Sender schalten, um die Einfahrt des Sonderzuges auch ja nicht zu verpassen. Neben einigen Floskeln konnte er dem Hörervolk aber nur erklären, dass sich die Ankunft des polnischen Staatsmannes weiter verzögere. Nach der zigsten Hin- und-Her-Schalte erklang über die Lautsprecher auf dem Ostbahnhof aus dem Funkhaus die Melodie: »Ob er über Oberammergau oder aber über Unterammergau oder ob er überhaupt noch kommt, ist nicht gewiss!«

Wie es heißt, musste der Musikredakteur danach einer anderen Arbeit nachgehen.

Als der Zug dann schließlich doch im Ostbahnhof einlief, konnte Reporter **Alfred Duchrow** endlich loslegen: »Der Zug läuft ein, an der Spitze die Lokomotive …«

Damals, in der Masurenallee

Mir ist nicht überliefert, ob es sich bei dem Funkhaus, aus dem die Schaltung zum Ostbahnhof erfolgte, schon um das Funkhaus Nalepastraße handelte oder noch um das Haus des Rundfunks in der Masurenallee, aus dem vom 13. April 1945 bis zum Juli 1952 der Berliner Rundfunk sendete. Das Gebäude stand im Britischen Sektor Berlins. Der Berliner Rundfunk wurde aber von der sowjetischen Besatzungsmacht kontrolliert. Nach der Gründung der DDR war das Staatliche Rundfunkkomitee dafür zuständig.

Im Juni 1952 riegelte britisches Militär das Haus des Rundfunks ab. Mitarbeiter konnten zwar das Gebäude verlassen, bis auf die Sowjets kam aber niemand hinein. Der Sendebetrieb wurde noch einen Monat aufrechterhalten, die Versorgung übernahm die sowjetische Verwaltung.

Zu diesem Kapitel der Rundfunkgeschichte konnte ich meinen Kollegen **Heinz Grote** bei einem unserer Treffen befragen. Er war damals junger Redakteur und hatte bis spät abends in der Redaktion zu tun, musste aber am nächsten Morgen zeitig wieder vor Ort sein. Bei solchen Gelegenheiten war es nicht unüblich, dass er gleich in der Redaktion übernachtete. Warum er an diesem Abend nach Hause fuhr, ist ihm nicht mehr erinnerlich. Doch als er am nächsten Tag vorm Haus des Rundfunks stand, wurde er von den britischen Besatzungstruppen daran gehindert, seiner Arbeit nachzugehen.

Im Juli 1952 verließen die im Haus ausharrenden Mitarbeiter des Berliner Rundfunks die Masurenallee und nahmen die Sendetätigkeit im Osten Berlins auf, teils in der Nalepastraße, teils im Funkhaus Berlin-Grünau, das schon seit Längerem als Ausweichstätte genutzt worden war, um den von den Westalliierten stark behinderten Sendebetrieb und die zunehmenden Störungen zu umgehen.

In Gesprächen mit Rundfunkveteranen hörte ich auch eine Episode, die zwar nach meinem Geschmack ist, bei den geschichtlichen Zeitabläufen allerdings fragwürdig erscheint. Der Kommunist **Artur Mannbar** soll nach Kriegsende direkt vom Zuchthaus Brandenburg und noch in Sträflingskleidung in der Masurenallee eingetroffen sein, da er den Auftrag hatte, der Nachrichtenabteilung vorzustehen. Ein Diener des alten Regimes wollte ihn jedoch am Betreten des Büros hindern, da es das Zimmer des Chefs sei. »Richtig«, soll Mannbar entgegnet haben, »ich bin jetzt der Chef!« Das paart sich durchaus mit dem Selbstbewusstsein von »Atze« Mannbar, der später den Allgemeinen Deutschen Nachrichtendienst mit aufbaute, deckt sich aber nicht mit anderen Dokumenten.

So soll 1945 nach der Eroberung Berlins durch die Sowjetarmee der Kommunist **Hans Mahle** mit der

Gruppe Ulbricht in Berlin eingetroffen sein und von Walter Ulbricht den Auftrag erhalten haben, den Rundfunk wieder in Gang zu bringen. Mahle traf auf ein verwaistes, gleichwohl kaum beschädigtes Funkhaus. Die Rote Armee hatte das Gebäude absichtlich verschont, weil sie es nach dem Sieg nutzen wollte.

Die Mitarbeiter des Reichsrundfunks hatten das gesamte Areal nach den letzten Durchhalteparolen fluchtartig verlassen. Hans Mahle wurde der erste Intendant des Berliner Rundfunks und gleichzeitig Generalintendant aller Rundfunksender in der sowjetischen Besatzungszone. Mir ist er als Intendant des Mitteldeutschen Rundfunks begegnet, dem er ab 1947 seine Handschrift verlieh.

Wer Mahles Biografie erforscht, wird feststellen, wie wahr die Redewendung ist, dass der Helm eines Genossen viele Beulen hat – einige stammen sogar vom Gegner. Ich weiß allerdings nicht zu sagen, wer den Satz in Umlauf gebracht hat.

Mahle, der mit seiner Familie in den Westsektoren wohnte, was der Parteiführung gar nicht passte, wurde von einer Funktion in die andere geschoben, ja, sogar aus der Partei ausgeschlossen, später rehabilitiert und schließlich der erste Vorsitzende der Sozialistischen Einheitspartei Westberlin (SEW). Trotz seiner Abberufung als Generalintendant des Rundfunks leitete Mahle die Aufbauarbeiten am entstehenden Fernsehzentrum in Adlershof.

Jedenfalls liegen Beweise vor, dass auch die Sprecher in der Masurenallee nicht untätig waren, das *Schatzkästlein unfreiwilliger Komik* zu füllen. Wie **Heinz Hartmann**, der schon im Jahre 1948 ein »Kreisfortsamt« erfand.

Auch bei Grete Böhme landen wir in der Masurenallee. Eines schönen Morgens stand in dem von ihr anzusagenden Unterhaltungsmusik-Programm der Titel *Voilà, Voilà*.

Grete hatte wohl einen anderen Gedanken im Sinn, denn zart und sanft sagte sie an: »Viola – Viola, das Veilchen.« Als dann das Band lief, atmete sie überrascht Zirkusluft und wollte in der Absage alles wieder gut machen: »Voilà, siehe da, es war gar kein Veilchen.«

Sogar aus der Zeit der Reichs-Rundfunk-Gesellschaft liegt ein Versprechernachweis vor. In einem Hörspiel über den Polarforscher Fridtjof Nansen meinte **Josef Krahe**, dass sich die Forscher »mit frostbefingertem Hintern« ein Schneeloch gruben. Bei diesem Patzer handelte es sich nicht um einen Versprecher, den die Bearbeiter der Aufnahme vergessen hatten herauszuschneiden. Nein, es war ein Hörspiel, das original gesendet wurde. Das heißt, viele Personen standen um ein Mikrofon oder waren zumindest in einem Raum zusammen. Einige mussten von dem Versprecher Kenntnis genommen haben. Ob sich daraus unterdrückte Lacher ergaben, ist nicht überliefert. Bei anderen Gelegenheiten allerdings durchaus.

Im Programm des Deutschlandsenders gab es eine Wissenschaftssendung, die schon als berühmt-berüchtigt bezeichnet werden kann. Bei dieser umfangreichen Wortsendung traten oft mehrere Sprecher in Aktion. Wer diese Originalsendung auf seinem Tagesplan hatte, erkundigte sich rechtzeitig nach seinen Mitstreitern. Im eigenen Interesse einigten sich die Beteiligten auf die Zusammenstellung kleinerer Gruppen, die in verschiedenen Studios, aber immer in Sichtkontakt agierten. Die schlimmsten »Lachwurzen« sollten voneinander getrennt werden.

Im nachfolgenden Falle konnte die Sache einfach gelöst werden. Von den zwei beteiligten Sprechern, Alfred Knop und **Gerhard Murche**, saß einer im Nachrichten-, der andere im Programmsprecherstudio. Am Rande sei erwähnt: Gerhard Murche war als Sprecher für Landwirtschaftsberichte sozusagen »gesetzt«. Deshalb auch der Spruch: »Keine Furche ohne Murche.« Nun näherten sich die beiden in der Sendung den letzten Kurzinformationen. Alfred verlas eine Meldung über Wissenschaftler, die auf dem heutigen Gebiet Tschechiens Gräber aus dem 3. Jahrhundert gefunden hätten. Die Experten stellten fest, dass man dort »Könige mit ihren Schwestern beigesetzt hatte«. Nun war Gerhard Murche an der Reihe. Der machte aber erst einmal eine Riesenpause, weil er beim Mitlesen des Textes von Alfred bemerkt hatte, dass es sich nicht um Schwestern, sondern um Schwerter gehandelt hatte. Gerhard benötigte eine Weile, um sich zu sammeln – eine Pause, die allen Beteiligten wie eine Ewigkeit vorgekommen sein muss. Das Mikrofon von Alfred Knop war längst abgeschaltet, und er konnte seiner Heiterkeit freien Lauf lassen.

Anders sieht die Sache aus, wenn nur ein Studio zur Verfügung steht. Ich möchte an eine Geschichte beim Mitteldeutschen Rundfunk, so um 1950, erinnern. Damals hatten Programm- und Nachrichtensprecher noch ein gemeinsames Studio, und so saßen eines Morgens **Hans-Robert Wille** und Helmut Pietsch einträchtig nebeneinander, um erst die Nachrichten und dann die Programmhinweise für den ganzen Tag, den gerade beginnenden Sonntag, an den Mann zu bringen. Vielleicht können das Außenstehende nicht nachvollziehen, aber am Ende eines Nachtdienstes nähern sich die Sprecher oft ihrer albernen Sphäre, der kleinste Anlass kann sie aus dem seriösen Gleichgewicht bringen.

Helmut Pietsch kam zur letzten Nachricht, einer Meldung aus der Textilgegend Meerane. Hier stieß er seinen Nebenmann vorsichtig an und wies mit den Fingern auf ein Wort, das ihm irgendwie ulkig vorkam: Garnkopsen. Für Fachleute kein Problem, aber für die beiden Wortakrobaten »böhmische Dörfer«, und sie mussten erst einmal eine kleine Pause einlegen, um den Lacher hinunterzuwürgen. Doch die Meldung ging weiter. Diese Garnkopsen waren in großen Mengen gestohlen worden. Als Täter wurde der ehemalige Fahrstuhlführer Knüpfer erwischt, der damit einen schwungvollen Schwarzhandel betrieben hatte. Da war's aus. Die Räuspertaste musste in Aktion treten, um den Heiterkeitsausbruch der Lachwurzen nicht an die Öffentlichkeit dringen zu lassen. Große Pause!

Helmut bat dann flehentlich mit Augen und Händen, dass Hans-Robert sich ein bisschen zurückhalte, damit er den Wetterbericht noch gut über die Bühne bringen könne. Aber Helmut hatte ja auch gegen seinen eigenen Lachreiz anzukämpfen, sodass der Wetterbericht den Hörern mit vielen, vielen Räuspertaste-Pausen offeriert wurde.

Dann die Nachrichtenabsage, der Griff zu den Meldungen, weg vom Tisch und in die Ecke, wo Hans-Robert Schutz vor dem lachenden Gesicht des Partners suchte. Nur der zuckenden Rückenansicht konnte er nicht entkommen.

Unter diesen Verhältnissen sollte er jetzt die Programmhinweise für den nächsten Tag an den Hörer bringen. Er gab sich wirklich Mühe, quälte sich von einer Räuspertaste zur nächsten, die Pausen zwischen den einzelnen Satz- und Wortbrocken wurden immer länger, die Stimme kippte schon bei der ersten Silbe um. Bis 14 Uhr 30 schaffte er es noch: »Es spielt – das Kammer – Orchester –« Dann hatte die Technik Erbarmen und spielte Musik ab.

Hans-Robert war restlos geschafft und hat diesen Tag wohl nie vergessen können. Bestimmt auch deshalb, weil ich als wissender Kollege ihn immer wieder daran erinnerte, wenn wir uns in den Synchronstudios in Berlin-Johannisthal begegneten: »Grüß dich, Hans-Robert, was machen die Garnkopsen?«

Gefahr im Verzug

Die Geschichte hätte für beide Sprecher böse enden können. Die Meldung über die Schiebereien mit den Garnkopsen stand nämlich im Zusammenhang mit den ersten großen Schauprozessen gegen Unternehmer im Land Sachsen. Mit Wissen hoher Funktionäre der sächsischen Landesregierung und der Zentralen Kontrollkommission, ZKK, hatten Textilfabrikanten sogenannte Kompensationsgeschäfte mit Westdeutschland betrieben – Ware gegen Rohstoffe. Das bedeutete für Vater Staat keinerlei finanzielle Einnahmen, sicherte aber die weitere Produktion. Als die SED den Privatisierungsprozess rigoros durchsetzen wollte, standen oft Recht und Gesetz im Wege. An die Genehmigung dieser Kompensationsgeschäfte wollte sich in der Landesregierung und der ZKK plötzlich niemand mehr erinnern; schriftlich lag nichts vor, die Zusagen waren nur mündlich gegeben worden. Nun wurden sie den Unternehmern, zum Beispiel aus Glauchau und Meerane, als Sabotage und Wirtschaftsverbrechen zur Last gelegt. Todesurteile waren die Folge, denen die meisten Angeklagten nur durch Flucht in den Westen entkommen konnten.

Die Brisanz eines Versprechers zeigt sich erst, wenn er in den Kontext der Ereignisse und Verhältnisse gesetzt wird. Und es gab eben auch Zeiten, in denen die Obrigkeit die Flöhe husten hörte und hinter jedem Patzer eine Absicht vermutete. Ich eile der Zeit etwas voraus, um das an zwei Beispielen deutlich zu machen.

Gelegentlich arbeitete ich neben meiner Fernsehtätigkeit als Nachrichtensprecher beim Berliner Rundfunk. 1989 hatte ich um 6 Uhr 30 in einer Nachrichtensendung die Spitzenmeldung mit Erich Honecker an eine falsche Stelle einsortiert. Dazu war es gekommen, als ich beim kurzen Überfliegen der Meldungen die Blätter nicht wie gewohnt mit dem Schriftbild auf den Kopf legte, sondern die Meldung auf die unbeschriebene Rückseite ablegte und die nachfolgenden Blätter darauf platzierte. Als dann das »Achtung« aus dem Kontrollraum ertönte, nahm ich die Blätter auf und begann zu sprechen. Da fiel es mir wie Schuppen von den Augen. Während ich weitersprach, suchte ich krampfhaft nach der Spitzenmeldung. Endlich hatte ich sie und verlas die Honecker-Aktivität.

Es war nichts Weltbewegendes. Doch Honecker hatte immer an erster Stelle zu stehen. Natürlich war der Fehler in der Nachrichtenredaktion bemerkt worden, und auch der Sendefahrer hatte die Verwechslung mitbekommen. Mir wurde angeraten, nach dem Dienst auf die Chefs zu warten. Ich brachte also meine Schicht zu Ende, schaute beim nächsten Dienst doppelt und dreifach auf die Reihenfolge und meldete mich dann in der Sendeleitung, um den Fall zu schildern. Wenige Tage später ließ man mich wissen, dass man vorläufig auf meine Mitarbeit verzichte und auch für den Nachtdienst kein Honorar zahlen werde.

Politisch ausgelegt wurde die Sache deshalb, weil mein Kollege Werner Höhne wenige Tage zuvor ebenfalls nicht sorgfältig genug mit einer Honecker-Spitzenmeldung umgegangen sein soll. Ihm war sie schlichtweg abhanden gekommen. Diese beiden Fälle in so kurzer Zeit – in der brisanten politischen Situation von 1989 –, das konnte kein Zufall sein, wurde gemutmaßt. Böse Absicht oder gar Staatsfeindlichkeit konnte aber weder Werner noch mir nachgewiesen werden.

Dass das bei einem Versprecher durchaus angedichtet werden konnte, davor hatte mancher Kollegen ständig Bammel.

Hans-Joachim Thieme zählte meines Wissens nicht zu ihnen. Den Dresdner mit der sonoren Stimme hatte ich noch kurz vor meinem Wechsel zum Fernsehen in die Kunst des Nachrichtensprechens einarbeiten können. Vielleicht habe ich ihm auch die Kunst des Versprechens beigebracht. Er berichtete vom 50. Jahrestag der Oktoberrevolution: »In Moskau fanden die Jubiläumsfeierlichkeiten gestern ihren Höhepunkt mit einem Festumzug im Kongress-Palast des Kreml.« Breshnew-Polonaise statt langatmiger Festsitzung. Polit-Neuerer Thieme.

Und er machte auch vor dem Heiligen Vater nicht Halt. Aussichten auf eine Papst-Audienz hatte sich Hans-Joachim in dem Augenblick verspielt, als er kundtat: »Der verstorbene Papst wurde in der Basilika aufgebaut.« Er ließ es sich auch nicht nehmen, die Anzahl der Volksrepubliken zu erweitern, indem er kurzerhand eine »Mongolische Volksrepublik« ins Leben rief.

Abkürzungen sollten nur dann Verwendung finden, wenn sie entweder bekannt sind oder an einer anderen Stelle der vollständige Name schon genannt wurde. Redakteure führen jedoch gern Platz- und Zeitgründe für den Gebrauch von Abkürzungen an. Der »Vorsitzende der Deutschen Kommunistischen Partei« ist natürlich länger als der »DKP-Vorsitzende«. Schuld an Thiemes Verballhornung hat aber nicht die Abkürzung, sondern der Blick auf die nachfolgende Silbe mit dem Anfangsbuchstaben V. So erfuhr die Welt, dass es einen »De-Ka-Puff-Vorsitzenden« gibt.

Bei den meisten Kollegen waren Nachtdienste über zwölf Stunden nicht sonderlich beliebt. Ich habe sie gern übernommen – körperlich machten sie mir nichts aus, ich war gerade mal Anfang zwanzig, und nachts hatte man vor allem seine Ruhe, denn weder Chefs noch Funktionäre standen mit einem Anliegen auf der Matte. Am Tage konnte ich schlafen, so lange ich wollte. Das änderte sich mit Ehestand und Kindersegen, eine Umstellung für die ganze Familie.

Natürlich gab es auch die Möglichkeit, sich während des Nachtdienstes in der nachrichtenfreien Zeit ein wenig auszustrecken. So war es auch bei Hans-Joachim Thieme. Kleine Ruhepause, schnell die 3-Uhr-Nachrichten lesen. Kurz vor der Absage muss ihm der Gedanke gekommen sein: Jetzt geht es schnell wieder auf die Couch, und ich kann die Augen schließen. Schon war er weggetreten und träumte laut vor sich hin. Davon muss er wiederum aufgewacht sein aus seinem Sekundenschlaf. Er machte die Absage seiner Nachrichten und fragte hinterher die nächtlichen Mitstreiter, ob vor der Absage vielleicht etwas anderes über das Mikrofon gegangen sei. Ja, antwortete man ihm, etwas Undeutliches, es klang so wie »Möbelstück«. Und davon hatte Hans-Joachim tatsächlich geträumt: von einem Möbelstück, das er tags zuvor in einem Geschäft besichtigt hatte.

Dieses Studio, in dem ich ebenfalls schon während der Nachtdienste Nachrichten gesprochen hatte, befand sich übrigens im neuen Block E, in dem wie schon erwähnt der Berliner Rundfunk sein Domizil hatte.

Studio ist eigentlich ziemlich übertrieben. Es war eine Kammer von höchstens zwei mal zwei Metern ohne Blickkontakt zur Außenwelt. Verständigungen erfolgten über Kopfhörer und Kommandotaste, und so konnte es durchaus passieren, dass man beim nicht zu grellen Leselicht von Morpheus umarmt wurde.

Nichts Menschliches ist mir fremd, mag Hans-Joachim gedacht haben, und ließ in einer anderen Nachrichtensendung etwas von der Spezies »Hopo samions« verlauten.

Ein Dauerlieferant von Versprechern war Thieme jedoch nicht, im Gegensatz zu manch anderem Kollegen. Ohne Fehl und Tadel ist keiner aus unserer Branche.

Nachrichten haben einen engen Zeitrahmen. So kam es schon mal vor, dass die Redaktion den Sprecher bat, das Tempo etwas anzuziehen, weil der Dienst proppenvoll war. An einem anderen Tag wiederum, wenn Nachrichtenflaute herrschte, was allerdings selten vorkam, konnten die Nachrichten in einer ruhigeren Gangart gelesen werden.

Das darf aber nicht dazu verleiten, Silben wegzulassen oder hinzuzufügen. Absicht war es wohl auch nicht bei Hans-Joachim Thieme, als er einmal aus einem Bindeglied ein »Bindemitglied« machte und ein andermal Solisten in »Sozialisten« verwandelte.

Manche Versprecher bekommen nur wenige Hörer mit. Sie verflüchtigen sich gewissermaßen, da sollte man keine schlafenden Hunde wecken und versuchen, den Fehler zu korrigieren. **Herbert Küttner**, auf den ich an anderer Stelle noch ausführlicher zu sprechen kommen werde, hat mir empfohlen, nicht jeden kleinen Lapsus zu korrigieren, sondern einfach weiterzulesen, als ob nichts geschehen sei, sofern daraus nicht offensichtlich eine sinnentstellende Information entsteht. »Der Hörer«, sagte er, »muss denken, er habe sich verhört, und sich innerlich bei dir entschuldigen, dass er gedacht habe, du hättest dich versprochen!« Deshalb korrigierte er folgende Absage nach den Nachrichten erst gar nicht: »Die Zeit: Es ist 6 Mark 10.«

Es gilt, wie ich schon an anderer Stelle geschrieben habe, zu entscheiden, ob eine Korrektur nicht alles viel schlimmer macht oder den Ernst eines Inhalts gar ins Lächerliche verkehrt.

Hans-Joachim Thiemes Version von »Kalzwaldwerke« liegt schon nahe am Limerick.

Nicht immer können überlieferte Bonmots einem Urheber zugeordnet werden: »Endlich wurde auch im Kreis die demokratische Hodenreform durchgeführt«; oder »Überall auf den Straßen sah man bunte Transparente und Bruchbänder«.

Namentlich festgehalten wurde jedoch **Hanjo Hasse**, der anscheinend keine rechte Vorstellung von bestimmten Größenverhältnissen hatte, sonst hätte er nicht berichtet, dass »... im Raum Cottbus Wohnraum im Gesamtumfang von 4800 Quadratkilometern an die Bevölkerung übergeben wurde«.

Hanjo Hasse, werden Sie jetzt denken, den kenne ich doch aus Fernseh- oder DEFA-Filmen. Richtig. Wie er sind viele bekannte Schauspieler in Besetzungslisten von Hörspielen und anderen Sendungen des Rundfunks vermerkt. So auch **Günther Haack,** der als Mime durchaus in der Lage war, seine Fantasien ins Manuskript einzubringen. Was ihm mit der Information »unter dem brausenden Beifall der 17 Teilnehmer« eindrucksvoll gelang.

Als einmalig durfte **Martin Flörchingers** Versprecher ins *Schatzkästlein* eingehen: »... und aufgeregt zerrte sie an dem ausgefransten Geschlecht ihres Körbchens.« Flörchinger gehörte zu jenen Schauspielern des Leipziger Schauspielhauses, die regelmäßig die Kinderfunksendungen mitgestalteten, in denen ich als Sprecherkind mitwirkte. Ich erlebte ihn in mancher Aufführung des Deutschen Theaters und des Berliner Ensembles. Zu unserem Kinderensemble gehörte auch Klaus Piontek, den sein hervorragendes schauspielerisches Können ebenfalls ans Deutsche Theater nach Berlin führte.

Reporter, Redakteur und Kommentator **Gerhard Jäckel** verärgerte den damaligen Kulturchef Holtzhauer mit seiner Ankündigung: »Und nun tritt Minister Holzhammer ans Rednerpult.« Ich will mir kein Urteil darüber erlauben, ob in der Namensverdrehung ein Quäntchen Wahrheit steckte. Immerhin passierte der Versprecher Anfang der 50er Jahre.

Es gab nicht viele Variationsmöglichkeiten für den Nachrichtensprecher, seine Sendung anzukündigen. Etwa: »Die Zeit: Es ist so und so viel Uhr. Vom Deutschlandsender hören Sie Nachrichten.« Oder: »Im Programm des Berliner Rundfunks jetzt Nachrichten.« »Radio DDR bringt Nachrichten«, wäre eine weitere Möglichkeit. Bei den Absagen war es ähnlich: »Zum Abschluss der Nachrichten der Wetterbericht.« Und so entsprach das, was Horst Link von sich gab, nicht ganz der Realität: »Zum Abschluss unseres Wetterberichts nun der Nachrichtendienst.« Und auch **Walter Kurmann** war nicht auf der Höhe der Zeit, als er nach den Nachrichten den »Wehrmachtsbericht« ankündigte.

Karl-Heinz Brunnemann glaubte, dass die Urnen der Widerstandskämpfer auf dem »Zentralviehhof in Hamburg« beigesetzt wurden. Aus einer Kartoffelversorgung machte **Gerhard Klarner** eine »Kartoffelversagung«, auf die Felder der Bauern stellte er »Nähmaschinen«. Ob der Kollege **Hans-Joachim Steinmetz** ernsthaft vorhatte, statt eines Nachtbackverbotes für Bäcker und Konditoren ein »Nacktbadeverbot« einzuführen?

Die Programmsprecherin **Irene Eisermann** kündigte Nachrichtensprecher **Fritz Wendt** mit den Worten an: »Am Mikrowendt Fritz Phon!«

Altmeister **Julius Jaenisch** brachte ein wenig die Vokale durcheinander, als er »gute Ski- und Rödelmöglichkeiten« prophezeite. Auf seine Kappe geht auch diese Nachricht: »Der Geschlechtsverkehr zwischen Ungarn und der ČSR erhöhte sich im vergangenen Jahr um 35 Prozent.«

In Großbritannien wird das Parlament in Ober- und Unterhaus eingeteilt. **Egon Herwig** war der Meinung, dass da weiter nuanciert werden müsse, und führte das »britische Opernhaus« ein.

Neben den Nachrichten hatte die zuständige Redaktion auch noch eine Presseschau zusammenzustellen. Das entband den Sender davon, zu jedem brisanten Thema immer gleich mit Kommentaren zur Stelle sein zu müssen. Vorrangig wurden Zitate aus anderen Presseorganen, Rundfunk- oder Fernsehstationen dazu genutzt, positive Reaktionen auf die eigene Politik zu verbreiten. Mit seiner Formulierung »zusammenfressend schreibt das *Neue Deutschland*« spuckte **Thankmar Herzig** den Redakteuren gewaltig in die Suppe.

Die Jugendorganisation der DDR, die FDJ, sah sich der Tradition fortschrittlicher Deutscher Burschenschaften verpflichtet und organisierte auf der Wartburg bei Eisenach Treffen von Studenten aus beiden deutschen Staaten, die sogenannten Wartburgtreffen – nicht zu verwechseln mit den gleichnamigen neuzeitlichen Oldtimertreffen. Die Zusammenkünfte waren politisch hoch angebunden, weil sie von der Partei- und Staatsführung zur ausgiebigen Präsentation vor den Gästen genutzt wurden. Empfänge und Bankette blieben nicht aus, und so war es nicht ganz abwegig, dass Hans-Jochen Rehak von »dem diesjährigen Wartburgfressen« berichtete. Ein andermal hatte er eine Fahndungsmeldung der Polizei zu verlesen und forderte dabei »den jungen Mann, der gegen 1 Uhr gesehen wurde, zur Meldung« auf. Wie viele sich dabei wohl angesprochen fühlten?

»Gefahndet« wurde nach Jochen auch einmal. Die Meldungen für die nächste Nachrichtensendung hatte er relativ zeitig bekommen. Deshalb las er sie sich nicht im Studio durch, sondern im nahe gelegenen Aufenthaltsraum der Sprecher. Als er gemächlich zum Studio ging, verspürte er einen leichten Darmdruck. Da noch Zeit war, suchte er die Toilette auf und ahnte nicht, dass er von da so schnell nicht wieder weg kommen würde. Der Zeitpunkt der Sendung rückte näher, der Darmdruck ließ nicht nach, der Zeitdruck wurde immer größer. Die Nachrichten in der Hand, rief er verzweifelt um Hilfe. Doch es schien in diesem Moment kein Mensch an den Toiletten vorbeizugehen.

Inzwischen vermisste ihn auch der Sendefahrer. Es war ungewöhnlich, dass Jochen fünf Minuten vor der Nachrichtensendung nicht im Studio war. Erst als man im Aufenthaltsraum nachgesehen hatte, vernahm man aus der Toilette die verzweifelten Hilferufe. Jochen schob die Meldungen unter der Tür durch, und ein völlig überraschter Programmsprecher musste den Dienst übernehmen. Abgesehen davon, dass die meisten Programmsprecher ohnehin ungern Nachrichten vortrugen, konnte der sich noch nicht einmal einlesen, musste die Meldungen prima vista aussagen.

Hans-Jochen Rehak – auch ihn kannte ich seit meiner Kinderfunkzeit in Leipzig – gehörte zu jenen Sprechern, die nach der Einführung der Staatlichen Handelsorganisation HO die Preissenkungen bei einigen Waren im Rundfunk zu verlesen hatten. Dabei stolperte er über ein Gebäck, das ihm nicht geläufig war, das Baiser. Und so sprach Hans-Jochen das Schaumgebäck so, als wäre es mit »ei« geschrieben: »Beißer«. Wäre Hans-Jochen Rehak der Fehler sofort aufgefallen, hätte er vielleicht so reagiert wie **Eva Schwarz**: »Verehrte Hörer, wir bitten um eine kleine technische Störung!«

Eva Schwarz war eine jener Kolleginnen und Kollegen, die uns Sprechereleven eine große Hilfe waren. Sie beherrschte zum Beispiel perfekt die englische Sprache.

Soweit mir erinnerlich, hatte sie während des Krieges längere Zeit in der Emigration in England gelebt. So waren viele der älteren Kollegen eben nicht nur Kollegen, sondern für den Nachwuchs gleichzeitig Lehrmeister. Doch selbst die Routiniertesten wurden zu Lernenden, wenn Altmeister Axel Veit zu seinen regelmäßigen »Sprachseminaren« rief.

Da ist Musik drin

Veit war noch rechtzeitig dem Durchhalterundfunk in der Festung Breslau entkommen und gab nun seine Kenntnisse in sieben oder acht Sprachen an die Mitarbeiter des Demokratischen Rundfunks weiter. Anhand der Rundfunkzeitung, in der damals abendfüllende Konzerte mit ausführlichen Informationen abgedruckt wurden, ging er mit uns die Namen der Komponisten durch – ich war nicht der Einzige, der noch nichts von Camille Saint-Saëns gehört hatte. Oder wir paukten die Aussprache der zumeist italienischen Satzbezeichnungen bei Sinfonien, die die Tempi oder den Typ des Satzes angeben: adagio molto – allegro con brio – andante cantabile con moto – allegro molto e vivace – Presto – Menuett – Scherzo usw. usf. Nun wurden Nachwuchssprecher nicht gleich ins kalte Wasser der Suiten und Sinfonien geworfen, wo Kenner der Materie wie Haifische auf die Opfer warteten. Denn man stelle sich vor, die unerfahrene Programmsprecherin spricht den Satztyp so aus, wie es geschrieben steht, also Scherzo mit deutschem »sch«. Ein Aufschrei wäre die Folge, weil es doch »skerzo« heißen muss.

Natürlich konnten Axel Veits Exerzitien nicht alle Wissenslücken beseitigen. Für den letzten Schliff musste man schon selbst sorgen, und zwar aus eigenem Interesse. Dabei half als leichtes Druckmittel das Gehaltssystem der Sprecher, das nach dem Prinzip Grundgehalt plus Leistungsstufen aufgebaut war. Es gab drei Leistungsstufen, von denen in einem Jahr durchaus zwei erreicht werden konnten. Die dritte Stufe war dann gleichzeitig das neue Grundgehalt. Die Leistungsstufen konnten jedoch bei schlechter Leistung über einen längeren Zeitraum aberkannt werden. Wenn also festgestellt wurde, dass die Fremdsprachenphonetik eines Sprechers oder dessen allgemeine Leistungen sehr zu wünschen übrigließen, konnten Kürzungen der Leistungsstufen die Folge sein.

Dieser Zwang zum Lernen hat uns allen gutgetan. Ich erhielt darüber hinaus Anregungen, mich intensiver mit meiner Muttersprache zu beschäftigen und beispielsweise der Herkunft von Wörtern, Redewendungen und Begriffen nachzugehen. Die Bibel ist dafür eine Fundgrube! Hat jemand Massel oder ist meschugge, muss er malochen wie ein Verrückter – wer weiß schon, wenn er diese Wörter in den Mund nimmt, dass er sich der hebräischen Sprache, des Jiddischen oder Rotwelsch bedient?

Wenn ich immer wieder lesen muss, wie rigoros die in die Jahre gekommenen Fachkräfte gegen jüngere Mitarbeiter ausgewechselt werden, und dann mit deren Arbeitsergebnissen konfrontiert werde, kann ich nur mit Otto Reutter sagen: »Nehmse'n Alten!« Auf deren Erfahrungen und Kenntnisse darf getrost zugegriffen werden.

Über Axel Veit kursierte eine Anekdote, die so typisch für ihn war, dass keiner von uns den Wahrheitsgehalt anzweifelte. Es musste so gewesen sein.

Er war 1960 zur Premiere des DEFA-Films *5 Patronenhülsen* geladen. Die Handlung beschreibt den spanischen Bürgerkrieg und die Hilfe der Internationalen Brigaden für die spanischen Freiheitskämpfer. So tragen zwangsläufig viele handelnde Personen spanische Namen. Gespannt folgen die Premierengäste den Filmszenen. Ein Brigadist muss seinem Mitkämpfer Miguel eine Mitteilung machen und ruft verhalten seinen Namen*: »Mi-gu-el!«*

Da ertönt aus einer der Sitzreihen Axels gequälte Stimme: »Nein, nein! Miguel! Er heißt Miguel!« – nämlich mit stummem »u«.

Axel Veit war immer ansprechbar. Er schien auch keine Bettruhe zu kennen. Wenn wir glaubten, im Schutze der Dunkelheit, also im Nachtprogramm, hätte unseren Patzer niemand mitbekommen, belehrte uns Axel eines Besseren. Einen Hörschaden hat er durch uns jedoch nicht bekommen. Wenngleich nachfolgende Beweissätze ihn durchaus hätten verursachen können.

Es gibt Menschen, die sind ein wandelndes Lexikon. Wenn die dann noch nach irgendetwas aus ihrem Spezialgebiet gefragt werden, braucht es nicht lange für die korrekte Antwort. Doch selbst ausgebuffte Kenner der Musikszene werden nicht drauf gekommen sein, von welchem Komponisten die Melodie »Lockende Lauben« ist, die **Edith Balbach** auf dem Deutschlandsender ansagte. Kein Wunder, denn sie heißt richtig *Lockende Augen*.

Gisela Kleinert informierte sich während der von ihr anzusagenden Musiksendung schon über das danach folgende Programm, eine Sendung über den Städtebau. Zwischendurch erfolgten ihre Musikansagen, bei denen sie geistig sowohl bei der einen als auch bei der anderen Sendung war. Denn nur so ist ihre Ansage zu verstehen: »Hören Sie jetzt die Arie des Belmonte: *Ich baue ganze Städte auf …* Verzeihung, die Arie heißt: *Ich baue ganz auf deine Stärke.*« Immerhin kann man Gisela Kleinert zugutehalten, dass diese Arie des Belmonte aus Mozarts *Entführung aus dem Serail* auch *Baumeister-Arie* genannt wird.

Der Geist spielte bei Lothar Schumachers Ansage für eine Bachkantate keine Rolle mehr, denn sie lautete: »Mach dich, mein Gast, bereit!« Das BWV weist diese Kantate unter der Nummer 115 eindeutig mit dem Titel aus: *Mach dich, mein Geist, bereit!* Ich will ehrlich sein, die oben angeführte Abkürzung BWV wurde mir nicht mit der Muttermilch eingeflößt. Und wenn ich diese jetzt auflöse, mögen meine Leser weder denken, ich hielte sie für ungebildet, denn das wisse man ja schließlich, noch will ich klugreden. Wer nie an ernste Musik herangeführt wurde, kann nicht wissen, dass das die Abkürzung für das Bach-Werke-Verzeichnis ist, in dem alle Werke des Komponisten aufgeführt und nummeriert sind. Mit einer ähnlichen »Datenbank« haben wir es beim KV zu tun, dem Köchelverzeichnis, in dem alle Kompositionen von Wolfgang Amadeus Mozart aufgeführt sind.

Die moderne Tanzmusik kennt solche Verzeichnisse nicht. Und selbst wenn sie es täte, würde man den von **Hans-Gerd Reinike** angekündigten »konzertierten Foxtrott« vergeblich suchen. Ich grabe in der mir zur Verfügung stehenden Versprecherkartei auch vergeblich nach einer größeren Anzahl der von ihm verzapften Versprecher. Er erfand noch den »Polizei-Torero«, das war es aber auch schon fast. Das könnte den Schluss nahelegen, Reinike sei besser gewesen als alle anderen Kollegen, auf welchem Sender auch immer. Das jedoch wäre ein Trugschluss.

Dass Reinike-Versprecher Mangelware sind, liegt an einer relativ kurzen Tätigkeit beim Rundfunk. Seine tragische Geschichte ist eine von denen, die nur in Bruchstücken den Kollegen zur Kenntnis kamen.

Grenzgänge

Hans-Gerd Reinike wusste von Fluchtabsichten eines Freundes und hielt dicht. Als dieser Freund beim Versuch der Umsetzung geschnappt und intensiv verhört, nach Helfershelfern oder Mitwissern befragt wurde, fiel auch Reinikes Name. Diese Mitwisserschaft war sein Verhängnis, obwohl er die Äußerungen zur Flucht nie ernst genommen und aus seinem Gedächtnis gestrichen hatte. Zu oft waren in jener Zeit die Worte im Gebrauch: »Eines Tages haue ich ab!« Da die Ausführung in den 70er Jahren einem Suizid gleichkam, maß man den Absichtserklärungen oft keine große Bedeutung bei. All das half Reinike nicht. Sein »mangelndes Vertrauen in die Sicherheitsorgane der DDR« führte zwar nicht zu einer Haftstrafe, kostete ihn allerdings seinen Arbeitsplatz. Wie bekannt wurde, musste er sich in einem Berliner Großbetrieb, dem VEB Elektrokohle Lichtenberg, »bewähren«. Dort war man richtig dankbar, einen Fachmann für den Betriebsfunk gewinnen zu können, und schon nach kurzer Zeit soll sich Reinike einen guten Ruf bei den Kollegen dort erworben haben. Möglicherweise war auch nicht verborgen geblieben, warum er sich bei den Werktätigen zu bewähren hatte.

Der gute Einfluss der Arbeiterklasse, so sollen es verantwortliche Rundfunkmitarbeiter Hans-Gerd Reinike übermittelt haben, hätte es durchaus ermöglicht, dass er wieder an seinen alten Arbeitsplatz zurückkehren könne. Reinike soll abgelehnt haben! Er war einfach ein starker Charakter mit einer gehörigen Portion Stolz.

Ich konnte mit Hans-Gerd Reinike nie persönlich über diesen Abschnitt seiner Vergangenheit sprechen, sodass mir für meine Schilderung der Konjunktiv angebracht erscheint. Ein naher Verwandter von ihm bestätigte mir jedoch 2014 diese Kenntnisse. Interessant war zu erfahren, dass die Kollegen Horst Gill und Peter Höhne weiter Kontakt zu Hans-Gerd hielten. Auch nicht ganz gefahrlos. Peter Höhne, da macht es vielleicht klick auf der Festplatte der Erinnerungen, führte durch die Sendung *Wünsch Dir doch mal Tanzmusik*. Von dem erwähnten Verwandten erfuhr ich auch vom qualvollen Tod Reinikes.

Über eine andere Fluchtepisode, allerdings vor 1961, kann man dagegen schon lächeln. Ein Aufnahmeleiter des Fernsehens gab des Öfteren – nach reichlichem Alkoholgenuss – im Kasino des Hauses lauthals zu verstehen, dass alles großer Mist sei und er noch heute abhauen werde. Natürlich schreckten die Anwesenden auf, taten aber so, als hätten sie nichts gehört. Ob jemand heimlich Meldungen an Vorgesetzte machte oder Hinweise an die Sicherheitsorgane gingen, ist mir nicht bekannt. Am nächsten Tag erschien der Kollege wie gewöhnlich zum Dienst, wenn auch etwas verkatert. Da sich solche Auftritte immer mal wiederholten, galten sie als Ausfälle eines Betrunkenen. Eines Tages jedoch kam er wirklich nicht mehr zum Dienst. Er hatte wohl das Aussteigen auf dem letzten Bahnhof im Demokratischen Sektor verpasst.

Sowohl im Rundfunk als auch im Fernsehen sollten Republikflüchtige offiziell kein dauerhaftes Thema sein, obwohl in den 80er Jahren das Fernsehen im Stadtbezirk Treptow zu den Betrieben mit den meisten Ausreiseanträgen gehörte. In Versammlungen wurden sie als Verräter abgetan. Damit war das Thema offiziell erledigt, man wollte wieder Ruhe einziehen lassen. Doch in Kollegenkreisen wurde schon noch über die eine oder andere Merkwürdigkeit gesprochen.

Beim Deutschlandsender war eines Tages **Walter Krauf** nicht zum Frühdienst erschienen. Keiner wusste, warum. Der Dienst musste aber besetzt werden, und so erhielt ich, noch in der Ausbildung bei Helmut Pietsch, überraschend die Chance, den ersten Nachrichtendienst meines Lebens zu sprechen. Wenige Tage später teilte Krauf in einem Brief an die Sendeleitung seinen Weggang in den Westen mit. Irgendwann sickerte dann durch, dass der Kollege tot aus dem Bodensee gefischt worden sei.

Auch meine Kollegin Isolde Thümmler gab Rätsel auf. Isolde machte nie ein Hehl aus ihrer Westsympathie. Sie war immer schick gekleidet – klar ersichtlich, dass das Outfit nicht aus den Bekleidungsgeschäften der staatlichen Handelsorganisation stammte. Der Programmsprecher des Nachtdienstes wartete eines Morgens vergeblich auf die Ablösung durch die »Lady«. Ich hatte ebenfalls Nachtdienst, also organisierte der Sendefahrer ein Dienstauto, das mich zu Isoldes Wohnung im Plänterwald brachte. Da die Haustür nicht verschlossen und mit einer Klinke versehen war, gelangte ich ohne Weiteres ins Treppenhaus. Vor der Wohnungstür stehend, glaubte ich, von innen ein Geräusch und Stimmen zu hören. Ich klingelte. Es tat sich nichts. Auch nach mehrmaligem Läuten, Klopfen, Rufen und der Nennung meines Namens passierte nichts. Ich fuhr unverrichteter Dinge wieder ins Funkhaus. Inzwischen hatten auch die Kollegen der Sendeleitung ihren Dienst angetreten. Ich schilderte, was sich zugetragen hatte, und konnte dann meinen Heimweg antreten, um meinen Nachtschlaf nachzuholen. Beim nächsten Dienst erfuhr ich, dass Isolde verhaftet worden war. Möglicherweise waren das die Geräusche, die ich aus ihrer Wohnung gehört hatte. Der Grund für ihre Festnahme sollen Spionage und Beihilfe zur Flucht gewesen sein. Sie hätte bei ihren Ansagen verschlüsselte

Informationen an ihre Auftraggeber im Westen übermittelt. Hirngespinst oder Wahrheit? Ich weiß es bis heute nicht.

Merkwürdig war auch die Flucht eines Sendefahrers, zu dem ich ein sehr gutes kollegiales Verhältnis hatte, das auch zu familiären Treffen Anlass gab. Völlig überraschend kam für uns alle die Mitteilung über seine Flucht. Alle waren voller Anteilnahme mit seiner Frau, machten sich Gedanken darüber, wie ihr und ihrem Kind geholfen werden könne, und die Empörung war nicht gering darüber, wie er seine Familie im Stich lassen könne. Gerüchte ergaben, dass er beim Sender Freies Berlin eine neue Anstellung gefunden hätte.

Wie groß war mein Erstaunen, als ich nach dem 13. August 1961 meinem Kollegen plötzlich in der S-Bahn begegnete. Und da ich meine Verwunderung nicht verbergen konnte, erfuhr ich von ihm, dass er heimlich in den Osten gefahren sei, um sich mit seiner Frau zu treffen, und vom 13. August überrascht worden wäre. Er habe sich dann bei der Polizei gemeldet, und nach mehreren Gesprächen sei ihm die Republikflucht verziehen worden, er könne nun wieder in Berlin leben. Gesagt habe ich es nicht, aber gedacht, dass doch alles mehr nach konspirativer Tätigkeit als nach Republikflucht roch. Deshalb möchte ich auch den Namen des Kollegen nicht preisgeben, denn um gesicherte Erkenntnisse handelt es sich bei meinen Überlegungen nicht.

Der 13. August brachte in anderer Hinsicht ebenfalls Veränderungen für manchen Kollegen. Die bis dahin offene Grenze verführte einige Mitarbeiter mit Westverwandtschaft dazu, in Westberlin in den Flieger zu steigen und den Urlaub in der BRD zu verbringen oder sich sogar Urlaubsziele in Italien oder einem anderen westlichen Land vermitteln zu lassen. Ersatzpässe stellten die

BRD-Behörden bedenkenlos aus, denn nach ihrer Doktrin waren DDR-Bürger deutsche Staatsbürger, für die allein die Bundesrepublik zuständig sei. Näheres erfährt man, wenn man unter dem Begriff »Hallsteindoktrin« nachschlägt. Nun aber kam die »Mauer«. Ein unkontrolliertes Wieder-Einreisen mit der S-Bahn von Westberlin in die Hauptstadt der DDR war nicht mehr möglich. So flog bei einem stellvertretenden Chefredakteur des Rundfunks bei der Passkontrolle die illegale Ausreise aus der DDR auf. Sein Urlaub in Schweden kostete ihn zwar seinen Posten, nicht aber seine Anstellung im Rundfunk. Wenn ich diese Geschichte mit der des bloßen Mitwissers über eine Republikflucht vergleiche, wundert es schon, welch unterschiedlich schützende Hände über Menschen gehalten wurden.

Durch den 13. August 1961 geriet das gesamte Rundfunkgefüge durcheinander. Was heute kaum noch einer weiß: Das Staatliche Rundfunkkomitee der DDR war Arbeitgeber für zahlreiche Schauspieler und Musiker aus Westberlin. In vielen Rundfunk-Orchestern spielten Musiker aus dem Westteil der Stadt. Beim Rundfunk-Sinfonieorchester machten sie ein Drittel aus. Die Auflösung des Orchesters stand bevor. Dessen Chefdirigent, Generalmusikdirektor Rolf Kleinert, kämpfte unermüdlich um den Erhalt dieses Klangkörpers, der sich international durch Kleinerts Vorgänger Hermann Abendroth einen guten Ruf erworben hatte. Der Komponist Hanns Eisler unterstützte Kleinert bei der Suche nach geeignetem Personal. Es galt vor allem, Musiker zu finden, die in der Lage waren, den alten Klang des Orchesters zu erhalten.

Bei den Orchestern der Unterhaltungsmusik sah es ähnlich aus. Leiter des Tanzstreichorchesters des Deutschlandsenders war seit 1956 der Westberliner Adalbert Lutter. Musikredakteur Jürgen Hermann, der als zweiter Dirigent mit Lutter zusammenarbeitete, übernahm das Orchester 1961. Adalbert Lutter ging in Rente.

Bruno Sänger, ebenfalls Westberliner, war Leiter des Großen Streichorchesters des Deutschlandsenders.

Nur wenige Ausnahmen konnten ihr Grenzgängertum auch nach 1961 noch für ein paar Jahre aufrechterhalten; an der Komischen Oper in Berlin und der Charité zum Beispiel. An der Komischen Oper sorgte Intendant und Gründer Walter Felsenstein dafür, dass zahlreiche Westberliner weiterhin gemeinsam mit den Ostberlinern zusammenarbeiten konnten. Der Österreicher soll deutlich ausgesprochen haben, dass er die Komische Oper verlassen würde, wenn auch nur ein Mitarbeiter aus dem Westen entlassen werden müsse, sei er nun Künstler oder Pförtner.

Allerdings veränderte sich die Zusammensetzung der Zuschauer. Kamen vor dem Mauerbau 70 bis 75 Prozent aus dem Westen, war es nun auch den DDR-Bürgern mehrheitlich möglich, wenn auch immer noch mit Mühe, an die begehrten Karten für die Komische Oper zu gelangen.

Volles Programm

Ich wende mich nun wieder den Damen und Herren der Programmansage zu. Wunderheiler waren damals noch nicht so stark im Gespräch wie heute. Deshalb erlangte **Ruth Paech** auf Radio DDR Berühmtheit, als sie die *Stumme von Portici* heilte und als »Stimme von Portici« auferstehen ließ.

Auch **Marlene Wolf** war auf der Berliner Welle erfinderisch. Zu den Tänzen Bostella und Bosa Nova fügte sie einfach die »Bostanella« hinzu.

Wenn man sich einige Versprecher genauer anhört, könnte man zu der Annahme gelangen, die Sprecher oder Sprecherinnen hätten den Satz »in der Kürze liegt die Würze« falsch verstanden.

Alfred Knop widmete sich der Volksmusik. Gemäß dem Titel *Bleib bei mir* kam es zu der Ansage: »Es singt die Lustvereinigung ... Verzeihung, die Solistenvereinigung unter Leitung von Gerhard Räker.«

Wer sagt eigentlich, dass immer nur weggelassen wird? Einen klitzekleinen Buchstaben hinzugefügt, und schon entsteht bei **Susanne Wikarski** »Blöhmens Wald und Flur«.

Maren Störig hingegen erweiterte die Losung »Spare mit jedem Gramm und jedem Pfennig« durch »Spare mit jeder Silbe«. Die Hörer des Berliner Rundfunks erfuhren von ihr, dass Opernbesucher in Zukunft nur noch als »Opernsucher« in Erscheinung treten werden.

Ihre Kollegin Gisela Kleinert trieb ebenfalls auf der Sparsamkeitswelle und kündigte die »*Italienische Sinfonie* von Felixsohn-Bartholdy« an.

Ich kann mich nicht erinnern, dass Marianne Haude besonders strickwütig war. Obwohl einige Damen zwischen längeren Musikstücken durchaus mal zu Nadel und Garnknäuel griffen. Jedenfalls geriet Mariannes *Bunte Welle* auf Radio DDR zur »Bunten Wolle«.

Käthe Foegen erfand mit dem »Handel-Festspiel-Orchester« einen neuen Klangkörper. Helmut Pietsch kommentierte diesen Versprecher mit den Worten: »Nicht jeder sucht Händel, der Handel sagt!«

Versprecher bleibt Versprecher, auch wenn der Redakteur daran die Schuld trägt. Man muss ja nicht alles glauben und lesen, was da schwarz auf weiß steht. Aber Alfred Knop folgte buchstabengetreu dem Manuskript: »Sie hören beleibte Melodien aus der Sowjetunion.«

Ganz ähnlich erging es **Joachim Trotz**. Als der Redakteur die betreffende Nachricht hörte, glaubte er, Sprecher Trotz habe den Fehler eingebaut. Dann jedoch musste er bekennen, selbst der Übeltäter von »die Opfer der Hinterbliebenen« gewesen zu sein.

In eine solche Redaktionsfalle tappte auch **Claus Britze**. »Der erste Sekretär des ZK der SED, Werner Lamberz ...« Lamberz war Sekretär des ZK, wurde aber insgeheim immer als Honeckers Kronprinz gehandelt. Deshalb hatte diese Verwechslung schon einige Brisanz.

Lautverschiebungen sind oft so unauffällig, dass der Versprecher auch mal überhört werden könnte. Ja, könnte. Oft genug aber wird er nicht überhört, und so bleibt der Nachwelt Lothar Schumachers Absage erhalten: »Sprecher war Georg Thief, Ausnahmeleitung ...« Die Buchstaben F und S an der richtigen Stelle bescheren uns den Herrn Thies und die Aufnahmeleitung.

Bei einem Opernkonzert auf dem Deutschlandsender nahm **Hans-Ulrich Lauffer** mal kurzerhand bei der Opernsängerin eine kleine Geschlechtsumwandlung vor: »Es singt Elvira Bischof, Tenor.«

Wieder eine Lautmalerei bei der Absage von Musik aus deutschen Opern: »Die Ausfahrenden waren ...« Susanne Wikarski hat sich daraufhin aufgeführt, als wolle sie aus der Haut fahren.

Bei den Nachtprogrammen war es nicht unüblich, dass sich zwei Sender zusammenschalteten. In einer Silvesternacht war der Berliner Rundfunk der Leitsender, Radio DDR schloss sich an. 3 Uhr 59 trennten sich die Sender wieder, und Maren Störig ließ sich mit einer gewagten Ansage vernehmen: »Wir tanzen nun weiter in den Neujahrsmorgen ohne DDR!«

Ohne DDR. Das ist das Stichwort für eine Bemerkung von **Helmut Pietsch** Anfang Februar 1971. Die Kollegen von Radio DDR gaben an Helmut keine Versprecher mehr weiter. Er erhielt auch keinen Einblick mehr in Sendeprotokolle. Dahinter vermutete er ein Komplott gegen seine Sammlung. Deshalb tat er kund, den Kollegen von Radio DDR keine Exemplare des *Schatzkästleins* mehr zukommen zu lassen, bis der Zulieferbetrieb wieder funktioniere. Die Drohung half, und es liegen nach dem Februar 1971 wieder Versprechererzeugnisse vor. Das »Komplett«, wie einmal Claus Britze das Komplott Portugal/Bonn gegen Guinea benannte, war gescheitert. Und so konnte Helmut Pietsch die Früchte seines Appells ernten.

Zum Fallobst gehörte zum Beispiel: »Das war Musik aus Mozarts Singspiel *Die Entführung aus dem Serail* von Wolfgang Amadeus ... oh, das sagte ich ja bereits.« Es war **Hans-Georg Knörich**, der hier doppeltgemoppelt vermeiden wollte.

Reinhard Czogalla lag wohl der Kaffeeduft in der Nase, als ihm bei einem Nachmittagskonzert entfuhr: »Hören Sie die *Kantine* ... die *Cavatine des Figaro*.«

Gerda Raatz gehörte zu den »alten Häsinnen«. Sie hatte schon zig Chorkonzerte angesagt, kleine Chöre, große Chöre, Kammerchöre, Studiochöre. Es musste endlich mal was ganz Großes sein. Bei einem Operettenkonzert ließ sie die Katze aus dem Sack und lüftete das Geheimnis, dass Radio DDR einen »Stadion-Chor« auf der Lohnliste hat. Bei genauerem Hinsehen reichte das Budget doch nur für einen Studio-Chor.

Maren Störig hat bei der Nennung ihres Namens stets besonders das R in ihrem Familiennamen betont. Es wird erzählt, bei einem Telefonanruf habe sie einmal etwas undeutlich ihren Namen genannt, es soll wie Stör-ich geklungen haben. Worauf der Telefonpartner geantwortet haben soll: »Nein überhaupt nicht, womit kann ich dienen?«

Bei der Durchsage von Programmhinweisen kam es zu folgender Ansage: »Um 10 Uhr 40 bringen wir den zweiten Teil des Hörspiels *Die Schilddrüse* ... Verzeihung, *Die Schildbürger*.«

Willi John war Nachrichtensprecher bei Radio DDR, übernahm aber auch gelegentlich Programmansagen. Er hatte eine kräftige, sonore Stimme. Was er auch sagte, es klang immer wichtig, staatstragend. Das lag wohl daran, dass er einige Jahre für den DDR-Rundfunk als deutscher Sprecher bei Radio Moskau gearbeitet und die dortige Sprechmentalität angenommen hatte, sodass alles ein wenig wie die Ankündigungen während des Großen Vaterländischen Krieges klang: »Achtung! Achtung! Hier spricht Moskau! Wnimanie! Wnimanie! Goworit Moskwa!« Und jetzt stellen sie sich seine Musikansage vor: »Aus *Die Jungfrau von Orleans* von Peter Tschaikowski hören Sie den Krönungs-Barsch: *Preist Johanna*.«

Wenn ich den Namen des russischen Komponisten Peter Tschaikowski höre, klingen in meinen Ohren immer die Anfangstakte seines Klavierkonzertes Nr. 1 in b-Moll. Sie waren seit 1958 die Erkennungsmelodie der vorweihnachtlichen Sendereihe des Deutschlandsenders *Dem Frieden die Freiheit*. Den Titel verdankt die Sendung Gerhard Scheumann, der gemeinsam mit Martin Radmann, einem bekannten Kommentator des Deutschlandsenders, durch die Sendungen führte. Die Erinnerung an Gerhard Scheumann ist wahrscheinlich deshalb prägnanter, weil er als »Erfinder« der Sendung *Prisma* in die Fernsehgeschichte eingegangen ist. Abgesehen von den aufsehenerregenden Dokumentarfilmen aus dem Studio Heynowski–Scheumann. Ich denke da zum Beispiel an *Der lachende Mann*, alias Kongo-Müller.

Nach dem KPD-Verbot 1956 waren Mitglieder und Sympathisanten der Partei, Mitglieder der westdeutschen

Friedensbewegung und andere gegen die Wiederaufrüstung der Bundesrepublik auftretende Bürger nicht selten Verfolgungen ausgesetzt, die oft vor Gericht und mit Haftstrafen endeten. Diesen Repressalien widmete sich die Sendung *Dem Frieden die Freiheit*. Später wurde in die Solikonzerte der Vietnamkrieg einbezogen. Für die eingekerkerten westdeutschen Patrioten und das unter dem barbarischen amerikanischen Krieg leidende vietnamesische Volk spendeten sowohl Bürger der DDR als auch der Bundesrepublik. Im Jahre 1961 gingen durch die Solidaritätskonzerte 1,5 Millionen Mark beim Berliner Stadtkontor ein. Für Vietnam spendeten die DDR-Bürger bei verschiedenen Aktionen im Jahre 1969 insgesamt 43 Millionen Mark.

Zurück zu Peter Tschaikowski. In Plaudereien zu Rundfunkanekdoten haben Kollegen von mir und auch ich dafür gesorgt, dass die folgende Episode nicht unbekannt geblieben ist. Sie gehört aber unbedingt als ein Höhepunkt der Versprecherhistorie in meine Sammlung. Ich möchte vorausschicken, dass keiner der Insider ganz genau sagen kann, wie der Ablauf wirklich war. Die Geschichte wurde von Mund zu Mund weitergegeben, der eine schmückte sie dabei noch ein wenig aus, ein anderer ließ etwas weg. So erzähle ich die Anekdote auf meine Art und Weise. Der entscheidende Versprecher ist jedenfalls tatsächlich über den Sender gegangen.

Ein Sprecher, von dem noch kein Kollege auch nur den kleinsten Hacker in seinen Ansagen oder Nachrichten gehört hatte, musste im Nachtprogramm ein Konzert ansagen, in dem die *Nussknacker-Suite* von Peter Tschaikowsi auf dem Programm stand. Zwischen den einzelnen Musikstücken, die von ihrer Länge her erlaubten, dass er das Studio verlassen konnte, um im Vorraum etwas zu trinken oder eine Zigarette zu rauchen, provozierten ihn seine Kollegen damit, dass er sich doch mal absichtlich versprechen könne, indem er beim Nussknacker einfach ein »n« weglasse. Das fand der Mann nun gar nicht lustig. Schließlich gehe es um seine Berufsehre, absichtlich verspreche er sich nicht. Doch die Kollegen ließen nicht locker und suggerierten ihm bei jeder Gelegenheit den Nussk(n)acker.

Als schließlich die Zeit für die Ansage gekommen war, ging besagter Ansager mit der festen Absicht ins Studio, seinen Kollegen eins zu husten. Die hatten sich inzwischen vor der Glasscheibe positioniert, durch die man vom Technikraum aus den Sprecher genau vor sich hatte. Natürlich entgingen ihm nicht die Mundbewegungen seiner Kollegen zu dem von ihnen erwarteten Wort. Er bekam das Signal, dass das Mikrofon für die Ansage geöffnet sei, konzentrierte sich, vielleicht ein wenig mehr als sonst, und sagte mit seriösem Tonfall: »Meine Damen und Herren, wir setzen jetzt unser mitternächtliches Konzert fort mit der *Nussknacker-Suite* – von Peter Tschaiskowski.«

Fernsehansagerin **Erika Radtke** erzählte mir, dass sie durch diese Anekdote beinahe einmal »eingebrochen« wäre, als sie in ihrer Sendung *Die goldene Note* den russischen Komponisten anzusagen hatte. Wie ein Damoklesschwert hätte der Nussknacker über ihr geschwebt.

Vom Rundfunk ins Fernsehen

Erika war eine der beliebtesten Ansagerinnen des Deutschen Fernsehfunks. Es tat der Sympathie auch keinen Abbruch, dass sie einmal auf Anweisung eine Ansage zu formulieren hatte, bei der dem Zuschauer unverblümt vermeintliche Blödheit vor Augen geführt wurde. Was war geschehen?

Bei der Ausstrahlung eines Kriminalfilms wurde versehentlich nach der ersten Filmrolle die dritte statt der zweiten gesendet. Danach lief dann die zweite Rolle, und damit nun ein plausibler Schluss zustande käme, musste die dritte Rolle noch einmal gesendet werden. Um das zu erklären, sollte Erika Radtke folgenden Text aufsagen, obwohl sie sich mit Händen und Füßen dagegen wehrte: »Liebe Zuschauer, da wir annehmen, dass Sie die komplizierte Handlung des Films nicht gleich verstanden haben, senden wir jetzt einen Teil des Films, zu Ihrem besseren Verständnis, noch einmal.«

Der Skandal war perfekt. In Dutzenden von Zuschaueranrufen entlud sich deren Zorn, der auch Erika nicht verschonte. Viele kritisierten jedoch die Sendeleitung, die Frau Radtke eine solche Ansage zugemutet hatte.

Derartige Vorfälle, in denen die Ansager nur der ausführende Arm der Sendeleitung waren und trotzdem den Großteil des Unmuts kassierten, hatten zur Folge, dass die Kollegen ihre Programmansagen im Wesentlichen selbst schrieben. Da wusste man wenigstens, wofür man die Schelte bezog.

Das Fernsehen haben wir Rundfunkleute immer als den kleinen Bruder des Hörfunks empfunden. Neben vielen Mitarbeitern übernahm das Fernsehen auch die

Versprecheritis und steuerte eigene, fernsehgemäße Pannen bei, die nicht weniger heiteren Charakters waren. Ein Beispiel für eine bildbezogene Panne bzw. Peinlichkeit:

Wolfgang Stein, ein alter Rundfunkhase und gemeinsam mit seiner Frau Eva Autor der beliebten Fernsehserie *Zur See*, berichtete aus der Farbenfabrik Wolfen und reporterte: »Dieser Rohling, den Sie hier im Bild sehen ...« Es war tatsächlich nicht zu übersehen, was da den Bildschirm füllte: Wolfgang Steins nicht gerade schmächtiger Körper. Da bewahrheitet sich die Antwort auf die Frage, was der Unterschied zwischen Rundfunk und Fernsehen sei: Rundfunk geht zu einem Ohr hinein, zum anderen wieder hinaus. Fernsehen geht ins Auge!

Die erste Ansagerin bei der Gründung des Fernsehens war **Margit Schaumäker**. Bereits in den 50er Jahren zeugte eine ihrer Ansagen von großem Umweltbewusstsein: »Es spricht Herr Professor XY zu dem Thema: Grüne Jungen atmen für Berlin.«

Käthe Zilles war eine routinierte Ansagerin. Sie war die Frau des ersten Fernseh-Intendanten Hermann Zilles, der von der Intendantenposition des Berliner Rundfunks und Deutschlandsenders nach Adlershof gewechselt hatte und schließlich auf unrühmliche Weise und mit fadenscheinigen Begründungen durch Parteiverfahren aus dem Fernsehen verdrängt wurde, dessen Programm er erfolgreich aufgebaut hatte. Seine Absetzung hinterließ bei vielen seiner engsten Mitstreiter ein schlechtes Gewissen, und diesem Umstand war es wohl zu danken, dass Käthe Zilles als Ansagerin arbeiten durfte.

Wenn wir im Frühprogramm im Studio saßen und auf unseren Einsatz warteten, erzählten wir bis kurz vor der Sendung so manche Schnurre. »Kläuschen, hör auf«, mahnte Käthe oft, »wir gehen mit unserem Lachen noch mal über den Sender.« Na, und kochen konnte sie auch hervorragend. Ich durfte mich davon bei ihr zu Hause nahe dem Alexanderplatz überzeugen.

Einmal hatte Käthe einen alten Film anzusagen, mit Heinrich George, mit dem und dem, mit der und der »und vielen bekannten Zuschauern«.

Klangvolle Namen, klangvolle Versprecher:

Annemarie Brodhagen verwies auf das Thema des Mittwoch-Gespräches, »die Elternbeheiratswahlen«.

Renate Hubig hatte neben ihrer Ansagetätigkeit im Fernsehen Moderationen zur Leipziger Dokumentar- und Kurzfilmwoche übernommen. Dabei kündigte sie einen Film »aus den Vereinigten Straßen von Amerika« an.

Renate und ich waren auserwählt, für ein Werbeprospekt zu posieren, der für die Auslandsverkäufe von Produktionen des Deutschen Fernsehfunks gedacht war. Renate und ich verstanden uns recht gut, und so lief die Produktion sehr fröhlich und ungezwungen ab, was der Werbeabsicht entgegenkam. Tausende Zettel waren bereits gedruckt, als Renate 1973 auf gefährliche Weise, gemeinsam mit ihrer Tochter, im Kofferraum des Autos ihres Freundes nach Westberlin floh. Die Flyer wurden nie ausgeliefert.

Beim Fernsehen erkennt man an einer brennenden roten Lampe an der Kamera, ob dieses Aufnahmegerät auf den Sender geschaltet ist oder nicht. Normalerweise. Manchmal brennt so eine Lampe aber auch nicht. Heutzutage wird das Rotlicht gern ausgeschaltet, um zu vermeiden, dass Zuschauer bei Übertragungen erkennen, wann eine Kamera auf sie gerichtet ist, damit sie nicht wie wild zu winken anfangen. Da neuerdings an den Übertragungsstätten zumeist riesengroße Bildschirme oder Leinwände angebracht sind, sehen sich die Zuschauer allerdings im

Bild; damit wird die Wirkung eines ausgeschalteten Rotlichts wieder aufgehoben.

Besonders in den Kinderschuh-Jahren des Fernsehens brannte das Rotlicht oft wegen einer defekten Glühbirne nicht. Deshalb war es üblich, dass der Kameramann im Studio zusätzlich noch ein Handzeichen gab. Er hob die Hand – Achtung! –, winkte durch Senken der Hand ab, und man war »auf Sendung«.

Notwendig oder nicht, die Ansagerinnen und Sprecher empfanden es als Unsitte und störend, dass die Techniker kurz vor der Sendung immer und immer wieder die Schärfe an der Kamera nachstellten und die Kamera ein- und ausschalteten, wodurch das Rotlicht aufblinkte, was natürlich immer Schrecksekunden auslöste. Die Techniker gelobten zwar Besserung, doch gut Ding will Weile haben.

Als Margit Schaumäker eines Tages im Studio auf ihre 19-Uhr-Abendansage wartet, mühsam im schweißtreibenden Licht der Scheinwerfer gegen das Lampenfieber ankämpfend, blitzt plötzlich das Rotlicht kurz auf, dann hebt der Kameramann die Hand, behält sie aber oben, als das Rotlicht erneut aufleuchtet. Was ist denn nun, denkt sich Margit. Die Geduldsgrenze ist überschritten. »Lasst doch endlich mal die Spielerei mit dem Rotlicht; macht einen ja ganz nervös!«

Sprach's, stand auf und verließ wutschnaubend das Studio. Draußen wurde sie schon von der Senderegisseurin empfangen: »Mensch Mäcki, das sollte doch die Abendansage sein.« Es dauerte eine Weile, bis sich Margit Schaumäker so weit gefangen hatte, dass sie mit Sündermiene und Grabesstimme eine Entschuldigung über den Sender stammeln konnte. Die Zuschauer reagierten mit Anrufen: So schlimm sei es ja nun auch nicht gewesen, und außerdem hätte man mal einen kleinen Einblick bekommen in das Geschehen hinter dem Lächeln der Ansagerinnen.

Genau wie ihre Rundfunkkollegen kämpften auch die Fernsehleute mit den Tageszeiten. **Gerlind Ahnert**: »Guten Abend, meine Damen und Herren, ich begrüße Sie zu unserem Vormittagsprogramm.«

Für heutige Generationen muss ich wohl erläutern, was ein Programmschluss ist. Als ich 1961 zur *Aktuellen Kamera* kam, fand unsere Spätsendung 21 Uhr 45 statt. Danach gab es durch die Ansagerin noch ein paar Programmhinweise für den nächsten Tag, dann war Sendeschluss. Die Zuschauer gingen ins Bett. Deshalb ist die Programmabsage von Gerlind Ahnert zum Ende des Programms besonders delikat: »Meine Damen und Herren, unser Programm ist für heute beendet. Ich verabschiede mich von Ihnen und wünsche Ihnen eine gute Nacht und guten Empfang.«

Neben der begrenzten Sendezeit gab es in den Anfangsjahren des Deutschen Fernsehfunks eine weitere Besonderheit: den sendefreien Montag. Der war zum einen der Tatsache geschuldet, dass die störanfälligen technischen Anlagen und Geräte durchaus eine Ruhepause gebrauchen konnten, um gewartet zu werden, zum anderen stand nur ein kleines Angebot an Sendungen zur Verfügung. Dieser vermeintlich fernsehfreie Tag wurde in den Betrieben und Wohngebieten allgemein für Versammlungen und Schulungen genutzt. Vermeintlich deshalb, weil ja immer noch das Programm der ARD zu empfangen war, wenn auch nicht überall.

Deshalb wurde im Herbst 1957 wieder ein siebentägiges Programm eingeführt. Notgedrungen entstand der »Montagsfilm«, den es bislang nur in Ausschnitten bei *Willi Schwabes Rumpelkammer* gegeben hatte. Und da sich in diesem Falle Wünsche der Zuschauer mit den

Absichten von Programmplanern trafen, wurde der Montagabendfilm ein voller Erfolg, der dem Westfernsehen so manchen Ostzuschauer nahm.

Wie es die Art des Berliners ist, wurde sogleich ein Witz kolportiert: Fragt einer seinen Kollegen, ob er beim Fernsehen denn auch mal umschalte? Nee, sagt der, höchstens montags zum alten Film!

Bei den Nachrichten im Fernsehen muss der Sprecher von seinem Blatt hin und wieder in die Optik der Kamera blicken, den Zuschauer quasi anschauen. In der Neuzeit wird auch für die Nachrichten ein Lesegerät verwendet, der sogenannte Teleprompter, auf dem die Texte für den Sprecher bzw. Moderator erscheinen. Damit soll der Eindruck erweckt werden, die Person auf dem Bildschirm spreche frei. Wenn die Kamera mit einer Großaufnahme am Sprecher dran ist, sieht man allerdings, wie die Pupillen hin und her wandern. Dazu kommen Gesten und Mimik. Was bei einem Moderator oder Kommentator noch sinnvoll erscheinen mag, wird bei einem Nachrichtensprecher zur Farce.

Die Kombination aus stimmlicher Modulation, Handbewegungen und Mienenspiel, indem beispielsweise Augenbrauen hochgezogen werden, konterkariert die angebrachte Neutralität des Nachrichtensprechers. Er nimmt eine Rolle an, die ihm nicht zusteht. Bereits 1978 hat *Tagesschau*-Legende Karl-Heinz Köpcke diese Methode bei den Nachrichten abgelehnt.

Zurück zu der Zeit, in der ich die Nachrichten vom Blatt gelesen habe, mal hochschauen musste und dann wieder auf den Text. Das muss trainiert werden, damit die Augen auch wieder die richtige Zeile finden. Trotzdem landet man manchmal an der falschen Stelle. Ich hatte zum 18. Jahrestag der DDR eine Meldung zu verlesen, in der es hieß: »Walter Ulbricht, Erster Sekretär des ZK der SED, Vorsitzender des Staatsrates der DDR, und seine Gattin Lotte Ulbricht besuchten am Nachmittag die Volksfeste auf der Berliner Karl-Marx-Allee.«

Zu Beginn der Meldung schaute ich in die Kamera, blickte dann wieder auf den Text, suchte meine Zeile und verkündete: »Walter Ulbricht, Erster Sekretär des ZK der SED und seine Vorsitzende Lotte Ulbricht ...« und so weiter und so weiter.

Wieder mal aus »eigenen Werken« gelesen, kommentierten meine Redakteurskollegen. So auch, als ich englische Frauen »um ihre Berechtigung« kämpfen ließ oder als in einer Sondersendung vom Moskauer Parteitag 1971 »die Sozialistische Stuten-Vereinigung« Grüße überbrachte. Und »die Entwicklung des geistlich-kulturellen Lebens« stand auch nicht im Manuskript, so wahr mir Gott helfe!

Bei meiner Kollegin **Ingeborg Chrobok** demonstrierten zum 1. Mai in Warschau »500 000 Werktäter«.

Christel Kern gab einen Überblick, wo an diesem Tage überall »Maier-Feierlichkeiten« stattfanden, gemäß dem Slogan »keine Feier ohne Meier«, obwohl das damals für uns noch gar nicht aktuell war. Christel kann auf Berufserfahrungen als Rundfunksprecherin, Fernsehansagerin und Nachrichtensprecherin verweisen. Eine tolle Kombination. Das veranlasste sie vielleicht zu der Formulierung »im Kombinations-Betrieb Böhlen«.

Der Berliner ist schnell dabei, Personen und Sachen einen Spitznamen zu verpassen. So hieß die Zeitung *Berliner Morgenpost* im Volksmund »Mottenpost«, weil sie vorwiegend aus dem Kiez berichtete und dadurch einen provinziellen Anstrich bekam. Christel Kern reichte das nicht; sie verwandelte das Blatt in die »Westberliner Morgenpest«.

Wieder einmal war es das der Zunge vorauseilende Auge, weswegen **Hans-Dieter Lange** fast das Herz stehen blieb und das ihn blass werden ließ bei »der Arbeiter- und-Mauern-Macht«.

1971 gab es im Winter – wer rechnet zu dieser Jahreszeit schon damit? – Schnee. Viel Schnee; trotz planmäßiger Wintervorbereitung der Volkseigenen Stadtreinigung überraschend viel Schnee. Trotzdem hätte Hans-Dieter nicht so übertreiben müssen: »Raumfahrzeuge beseitigten die Schneemassen auf den Straßen!«

Eines schönen Januar-Nachmittags rief sogar mal ein jugendlicher Zuschauer an und bezweifelte Langes Erfindung von »Spritzeisenbahnen«. Er war der Meinung, dass der Sprecher doch nur die Spritzeisbahnen gemeint haben könne.

Mit lästernden Bemerkungen sollte ich mich lieber zurückhalten, denn im Januar 1971 lieferte ich einen Wetterbericht zum Aussuchen: »Temperatur minus 3 Grad bis plus minus 3 Grad.«

Hans-Dieter Lange und ich haben die Zuschauer untereinander aufgeteilt. Während ich für das schöne Geschlecht zuständig war: »das, meine Damen, waren die Nachrichten«, kümmerte sich Hans-Dieter um die Herren der Schöpfung: »Und nun, meine Herren, der Wetterbericht.« Allerdings machte er ihnen die Orientierung mitunter nicht leicht: »Höchste Nacht... Tages... Temperaturen 22 bis 25 Grad.«

Ich habe ja schon gelesen, dass aus Flugzeugen die gefrorenen Fäkalien der Bordtoilette abgeworfen worden sein sollen, die kann aber Hans-Dieter Lange nicht gemeint haben, als er in der *Aktuellen Kamera* von einem »Flug des Raumschisses« berichtete.

Neu ist immer besser – oder doch nicht?

Als das Fernsehen in Berlin-Adlershof gebaut wurde, errichtete man mehrere Funktionsgebäude, die völlig losgelöst voneinander im Gelände standen. So lagen zum Beispiel Kopierwerk und Schneideräume außerhalb der Redaktionsgebäude. Die *Aktuelle Kamera* hatte zwar nahe der Redaktion zwei kleine Schneideräume für die Endmontage und für die ganz heißen Beiträge, die in letzter Minute eintrudelten. Ansonsten mussten die Filmrollen aber bei Wind und Wetter aus dem etwa dreihundert Meter entfernten Schneidehaus von den Aufnahmeleitern abgeholt werden.

Der Wettergott hatte alle Schleusen weit geöffnet, als die an diesem Tag verantwortliche Aufnahmeleiterin **Hilde Friedrich** die Büchse mit den einzelnen Filmrollen vom »Alten Schneidehaus« zum Sendekomplex bringen musste, notdürftig mit ihrer Jacke abgedeckt, damit sie nicht nass würden, zügigen Schrittes, denn es blieb nicht mehr viel Zeit bis zur Sendung 19 Uhr 30. Doch die zurückgebliebenen Schnittmeisterinnen wollten ihren Augen nicht trauen, als plötzlich die Tür aufgerissen wurde und die über und über beschmutzte Aufnahmeleiterin vor ihnen stand, die Strümpfe zerrissen, in den Händen etwas Undefinierbares, das eigentlich in dieser Minute hätte gesendet werden sollen. Sie war schlicht und einfach ausgerutscht und die Filmrollen im Modder gelandet. Nun setzte im Schneidehaus unter der Wasserleitung die Rettungsaktion ein, denn einfach so abgewischt konnten die Filme ja nicht werden, der Dreck hätte alles zerkratzt. Natürlich dauerte es seine Zeit, bis die etlichen Filmmeter wieder sauber und trocken waren und gesendet werden konnten. Die *Aktuelle Kamera* begann eine Viertelstunde später.

Leider kam die meteorologische Erkenntnis von Kollege **Heinz Florian Oertel** als Warnung erst später, bei einem Fußballspiel des FC Vorwärts Berlin gegen den FC Bologna: »Der Regen ist glitschig und nass.«

Gegen Mitte der 60er Jahre wollte die Chefredaktion der *Aktuellen Kamera* die Sendung am Samstag etwas auflockern. Und da sich für Direktschaltungen die technischen Möglichkeiten verbessert und der Aufwand verringert hatten, gab es in jeder Sendung mindestens eine Original-Übertragungsstätte.

Als der sowjetische Staatszirkus in Berlin gastierte, befand sich **Yvonne Gluth** vor Ort, um zu einer ganz bestimmten Zeit eine ganz bestimmte Attraktion zu kommentieren. Doch wie das Leben so spielt, es läuft nicht immer alles nach Plan. Die Abläufe im Zirkus hatten sich etwas verschoben, die Bilder auf dem Kontrollmonitor und die Anweisungen der Redaktion auf dem Kopfhörer liefen nicht synchron, plötzlich sah sich Yvonne bildfüllend auf dem Schirm und konnte nur noch verdutzt sagen: »Hier sehen Sie eine gemischte Ziegennummer!« Während die Reporterin vergeblich darauf wartete, dass sich ein Abgrund auftue, in den sie abtauchen könne, wälzte sich in der Redaktion die gesamte Mannschaft vor Lachen am Boden.

Man muss wissen: Yvonne war eine attraktive Kollegin, immer darauf bedacht, gut auszusehen, damit die richtige Antwort kommt, wenn der Spiegel befragt wird, wer die Schönste im Lande sei.

Auch die vom Rundfunk ausgeborgten Sprecher hinterließen im Fernsehen bei ihren Muggen hörenswerte linguale Spuren:

Kurt Teiche hatte einen Film über Tierzüchter-Lehrlinge zu besprechen. Die Zuschauer erfuhren allerdings nur etwas über »Ziertöchter«.

Rolf Ripperger sprach in der Sendung *Umschau aus Wissenschaft und Technik* über die Energie. Dieses wichtige Thema veranlasste ihn, von »Experimenten zur Erschließung von energiebigsten und voraussichtlich auch billigsten Energiequellen« zu sprechen.

Ausschuss war allerdings auch der »Frauen-Ausstuss« von **Ursula Am Ende.**

Alfred Knop beschäftigte sich mit dem »Transitverkehr von Persil-Personen zwischen Westberlin und der BRD«. Fernsehpremiere hatte seine Wetterberichts-Variante: »Wir kommen nun zum typischen Aprilwetter: Morgen heitig bis sonnig.«

Der kurze Wetterbericht im Rahmen der Fernsehnachrichten war im Laufe der Jahre zweitrangig geworden. Seit den ersten Monaten des Fernsehversuchs-Programms hatten es die Meteorologen der Zentralen Wetterdienststelle Potsdam verstanden, die ausführliche und eigenständige tägliche Wetterprognose zu einem Programm-Hit zu machen. Begonnen hatte damit **Dr. Heinz Runge** als erster »Wetterfrosch« im Deutschen Fernsehfunk. Die Zuschauer liebten seine Art, die Wetterprognosen mit Bauernweisheiten, Sprichwörtern und Redensarten oder Gedichten zu verbinden. Er machte den Wetterbericht zu einer kleinen Unterhaltungssendung.

Die Meteorologen kamen täglich aus Potsdam nach Adlershof, wo sie um 17 Uhr erwartet wurden, denn die Wetterdaten mussten noch in die Karte eingetragen werden. Besonders in den Wintermonaten war das nicht selten mit Hindernissen verbunden, die sie zwar selbst vorausgesagt hatten, aber nicht verhindern konnten.

Günter Blume hatte zum Beispiel Silvester 1979 Wetterdienst, im starken Schneesturm und bei minus 20 Grad musste er die Fahrtstrecke hin und zurück bewältigen.

Meteorologin **Brigitte Klose** meinte, dass sich ein Tiefdruckgebiet bis zum Atlantik »erschreckt«.

Helmut Götschmann rutschte einmal mit seinem Fahrzeug bei Glatteis über den schneebedeckten Mittelstreifen auf die Gegenfahrbahn – es gab keine Leitplanken –, drehte sich um 180 Grad und kam mit dem Schrecken davon. Nach der Schneeschmelze im Februar 1979 landete er bei Aquaplaning bei Berlin-Schönefeld jedoch in einem vollgelaufenen Wassergraben und musste seine Fahrt mit der S-Bahn fortsetzen. In Adlershof saß der Sendeleiter schon wie auf heißen Kohlen.

Ausgefallen ist ein Wetterbericht aus klimatischen Gründen nie. Doch manchmal musste auf höhere Anweisung getrickst werden. Götschmann kann sich erinnern, dass an einem 1. Mai das bevorstehende Sauwetter geschönt werden musste, indem die zu erwartenden Regenschauer etwas gemildert wurden, um die Werktätigen nicht von der Mai-Demonstration abzuhalten. Das erinnert mich an den Witz, in dem ein Mann bei der Wetterdienststelle anruft und mitteilt, dass er gerade 30 Liter der angekündigten geringfügigen Schauer aus seinem Keller gepumpt habe.

Altmeister Dr. Runge hatte einmal eine grassierende Grippewelle erwischt, die mit großer Übelkeit verbunden war. Und er musste zu allem Übel auch noch weiteres Grippewetter ansagen, warnte vor Leichtsinn, kam auf die Folgen zu sprechen und hielt sich, wie zur Demonstration, so glaubten alle, die Hand vor den Mund. Doch dann rannte er fluchtartig aus dem Studio. Die theoretischen Begleiterscheinungen der Grippe waren bei ihm Realität geworden.

Die Meteorologen und auch wir Nachrichtensprecher als Verkünder von Hochs und Tiefs wurden in den Ferien von wildfremden Leuten oft dazu angehalten, »gutes Wetter« zu verkünden, man gehe nämlich in den nächsten Tagen in Urlaub. Ja, wenn das so einfach wäre. »Gutes Wetter« bedeutet nicht für alle dasselbe. Ich habe auch festgestellt, dass das Sprichwort »allen Menschen recht getan ist eine Kunst, die niemand kann« zutreffender als beim Wetter nicht sein kann. An kühlen Tagen, an denen laut Kalender das Thermometer mindestens 25 Grad anzeigen müsste, es aber nicht tut, heißt es, dass es nun aber mal langsam wärmer werden könnte. Dann wird es warm, sehr warm – na ja, aber so warm muss es nun auch nicht gleich sein. Man müsste das Wetter selbst machen können!

Nach dem Wetter im Fernsehen kamen die Nachrichten mit Filmberichten, Reportagen und Kommentaren. Es wäre vielleicht besser gewesen, wenn **Günter Herlt** die folgende Wahrheit für sich behalten hätte: »Die heutige Sitzung des Parteitages wurde fortgesetzt mit Ansprachen und Diskussionsbeiträgen.«

Der Hafen in Rostock-Warnemünde war bei gegebenen Anlässen Schauplatz beeindruckender Flottenparaden. **Roman Brenner** kommentierte die Schau für die Fernsehzuschauer und interviewte Experten der Volksmarine, in diesem Falle einen Fregattenkapitän. Er begann sein Gespräch mit der höflichen Anrede »Herr Major«. Da fiel ihm ein, dass das für die Volksmarine nicht die geeignete Anrede war, und wechselte in die richtige Bezeichnung »Genosse Major«. Am Ende des Interviews wollte Roman ganz korrekt sein und klärte auf: »Verehrte Zuschauer, ich möchte Ihnen noch sagen, dass bei unserer Volksmarine der Major ein Fregattenkapitän ist.«

Während der Übertragung stellte er dann die einzelnen Schiffe genauer vor und hatte seine Schwierigkeiten bei den »schnellen, stahlgrauen Schützenkuss... Kützenschuss... Kistenschüff... Küstenschiss...« Da gab er es auf. Die Küstenschutzschiffe waren inzwischen sowieso schon davongefahren.

Jeder Beruf hat seine eigene Sprache, spezielle Ausdrücke, die von den Insidern sofort verstanden werden und schnellere Verständigung ermöglichen. Ein solcher Begriff war die »Mavi«, Abkürzung für das Magnetband-Aufzeichnungsgerät »Mavicord«.

Zur Messe in Leipzig wird eine ältere Dame Ohrenzeugin von Dialogen zwischen dem Übertragungswagen und der Zentrale in Berlin.

»Mavi läuft ... Nein, wir müssen noch auf die Mavi warten ... Lässt sich die Mavi schneiden oder nicht? ... Erst mal die Mavi fragen ... Mavi ist unklar ... Mavi kann noch nicht ... Mavi läuft wieder ...«

Nach Abschluss der Dreharbeiten pirscht sich die Dame an Reporter **Wolfgang Mertin** heran und fragt besorgt: »Diese Mami, von der Sie immer sprechen, ist wohl ihre Chefin in Berlin? Die arme Frau hat aber viel zu rennen, dauernd muss sie laufen.«

Den pietätlosen Ruf »Mavi ist gestorben! Na, Gott sei Dank!« hat sie zum Glück nicht mitbekommen.

Für eine Sendung, in der dem Zuschauer Trickfilme vorgestellt wurden, konnte die zuständige Redaktion den Schauspieler **Dietmar Richter-Reinick** gewinnen. In seiner lockeren Art drückte er der Sendung seinen besonderen Stempel auf: »Nun zu unserem nächsten Beitrag über ›Das Kind im Manne‹, der auch in jeder Frau steckt. Er heißt: *Zipfelchen und Kügelchen.*« Es soll Zuschauer gegeben haben, die sich am nächsten Tag die Wiederholung der Sendung angesehen haben, um zu überprüfen, ob sie sich verhört hätten. Aber Dietmar hatte seine Meinung nicht geändert.

Gudrun Thiele war die erste Fernseh-Ansagerin, die mit einer eigenen Ratgebersendung bekannt wurde. Als das Angebot kam, hielt sich ihre Begeisterung in Grenzen. *Du und Dein Haustier* hieß das Magazin. Allerdings war das Format in der Redaktion Landwirtschaft angesiedelt, die durch die vielen Beiträge und Sendungen über die Hackfrucht- und Getreideernte nicht den besten Ruf genoss. Da half auch nicht, dass Gerhard Murche in einer Sendung den Minister für Landwirtschaft als »Mister Ewald« titulierte. Es wusste auch noch niemand, welche Resonanz Ratgebersendungen beim Zuschauer haben. So empfanden die meisten Kollegen den Wechsel von der ständig präsenten Programmansage zu einer Sendung bei der Landwirtschaft eher als Abstieg denn als Karriereschub. Doch schon nach der ersten Ausgabe musste man sich eines Besseren belehren lassen. Unzählige positive Zuschauerbriefe trudelten in der Redaktion ein, noch nie hatte Gudrun Thiele so viele Autogrammwünsche erfüllen müssen, und sie war gefragte Gesprächspartnerin bei allen Vereinen, die etwas mit Tieren zu tun hatten. Jetzt gab es schon einige, die sich ärgerten, dass sie dem Angebot der Landwirtschaftsredaktion nicht gefolgt waren. Gudrun entwickelte sich immer mehr zu einer Expertin. Was man nicht glauben will, wenn man eine ihrer Ansagen gehört hat: »Meine Damen und Herren, folgen Sie uns bitte auf eine Tierfarm und beobachten Sie mit uns Stockhunde und Jagdenten!«

1970 gab es eine Kommunalwahl. **Peter Höhne** eilte der Zeit weit voraus, indem er eine Zusammenführung der beiden deutschen Staaten vorwegnahm: »In allen Teilen der Bundesrepublik nutzten Volksvertreter das Wochenende zu Rechenschaftslegungen.« Jetzt haben wir zwar die Einheit, der Satz will trotzdem nicht so richtig in die Gegenwart passen.

Nicht immer wird Komik durch Versprecher hervorgerufen. Oft sind es die Journalisten selbst, die unter Zeitdruck ihre Deutschkenntnisse nicht von ihrer geistigen Festplatte abrufen können. Da war es gut, dass der Chef vom Dienst, der Redaktionsleiter oder gar der Chefredakteur in einer Art Endredaktion die Texte redigierten. War genügend Zeit, wurde auch schon mal ein Kollege gebeten, einen Blick auf das Manuskript zu werfen. Dadurch konnten viele Merkwürdigkeiten herausgefischt werden, bevor sie Kabarettstimmung auslösten.

Der Rotstift, den kein Redakteur sonderlich liebt, weil er immer seine Idee und Kreativität zu zerstören droht, verhinderte beispielsweise, dass ein Text von **Ilse Seybold** so über den Sender ging: »Die Wische, früher ein fruchtbares Ackerland, wird jetzt sozialistisch umgestaltet.«

Manchmal geht auch den Chefs etwas durch die Lappen. Das kann besonders dann der Fall sein, wenn sie eine Tonaufzeichnung begutachten müssen. Bei der Gedenkdemonstration für Rosa Luxemburg und Karl Liebknecht zur Gedenkstätte Berlin-Friedrichsfelde befragte **Erika Schmidt** Anwesende, warum sie an dieser Kundgebung teilnähmen: »Wir kämpfen dafür, wogegen Karl Liebknecht gekämpft hat!« Der Fehler fiel erst während der Sendung auf. Da war es zu spät.

Manchmal sind es unbeabsichtigte Zweideutigkeiten, die ein Schmunzeln hervorrufen. In der *Aktuellen Kamera* wurde immer ausführlich über den sozialistischen

Wettbewerb in den Betrieben berichtet. Um das Interesse der Zuschauer zu wecken, sollten Redakteure und Reporter darauf aufmerksam machen, dass Schrauben, Muttern, Düsen und was weiß ich noch alles für die Zuschauer von Nutzen sind, denn ohne sie funktioniere weder die Kaffeemaschine noch der Föhn oder der Herd und so weiter und so weiter. Bei **Hans-Dieter Erfurth** hörte sich das so an: »Zu ihnen gehört ein Werk, mit dessen Produktion wohl jeder von uns täglich in irgendeiner Weise Berührung hat: Das Strumpfkombinat ESDA in Thalheim.«

Da das Kombinat die begehrten und teuren Damenstrumpfhosen herstellte, verlockte die Formulierung »Berührung in irgendeiner Weise« durchaus zu Hintergedanken. Wer hat denn aber die Hintergedanken, wer ergötzt sich an Zweideutigkeiten? Der Reporter? Der Sprecher? – Nein, die Zuhörer und Zuschauer!

Es lebe der Sport!

Es ist reine Spekulation meinerseits, wenn ich daraus schlussfolgere, dass Sportübertragungen deshalb ein großes Zuschauerinteresse vorzuweisen haben, weil Sportreporter mit ihrer Bildsprache besonders oft in die Fettnäpfe der Doppeldeutigkeit treten.

»Tausende standen an den Hängen und Pisten« ist eine Version des Sportreporters **Heinz Maegerlein** vom Bayerischen Rundfunk – nicht etwa von einem DDR-Reporter, wie gern behauptet wird. Dem gebürtigen Leipziger wird auch dieser Satz bei einer Schwimmveranstaltung zugeordnet: »Und nun wickeln die Damen ihre hundert Meter Brust ab.«

Die Karriere von Heinz Maegerlein ist jedoch auch in anderer Hinsicht bemerkenswert: Germanistik- und Sportstudium, Stadionsprecher bei den Olympischen Sommerspielen 1936, Sportreporter beim Reichssender Leipzig, Offizier der Propagandakompanie der Naziwehrmacht. In dieser Eigenschaft soll er von den Kämpfen an der Ostfront, beispielsweise um Breslau, berichtet haben. Nach dem Krieg waren journalistische Stationen der *Münchner Merkur* und schließlich der Bayerische Rundfunk. Es liegt mir fern, Maegerleins Wahl des Arbeitsplatzes während der Nazizeit zu verurteilen. Möglicherweise blieb ihm ja keine andere Wahl. Er lebte in dieser Zeit und musste sehen, wie er klarkam. Mit nötigem Abstand zur Vergangenheit und ledig der damaligen Zwänge ist es immer leicht, andere Menschen in ihrem Handeln von damals zu verdammen. Ich rede nicht von Völkermord und Verbrechen gegen die Menschlichkeit. Eine solche Staatsnähe jedoch, durchaus vergleichbar mit DDR-Lebensläufen, hat 1990 so manche Journalistenlaufbahn abrupt beendet.

Zurück zu den Hunderten von Wortmetern, die Sportreporter und auch Studiosprecher in ihrer Berichterstattung abwickelten.

Von Programm- und Nachrichtensprechern ist Insiderwissen zu einzelnen Sportarten nicht zu erwarten. Grundkenntnisse schon. Heinz Stamm mag diese durchaus besessen haben, konnte sie wohl aber nicht abrufen, als er ein torreiches Fußballspiel mit sehr vielen Strafstößen schilderte, die zu einem Torerfolg führten. Und so zählte er laut Manuskript auf: den 8. Strafstoß, den 10. Strafstoß, den 17. Strafstoß. Beim 23. wurde er stutzig, warf einen fragenden Blick zu dem neben ihm stehenden Redakteur und sprach dann richtig weiter: »... in der 23. Minute durch einen Strafstoß.« Heinz sollte zugutegehalten werden, dass er vor dem Verlesen keinen Blick auf den Text hatte werfen können.

Helmut Pietsch dagegen wusste genau, was im Manuskript stand, konnte jedoch nicht ahnen, was er daraus machen würde. Bei einem Leichtathletik-Europapokal in Budapest waren die DDR-Frauen sehr erfolgreich. Da wollte Helmut nicht nachstehen und ein Zeichen setzen, indem er vom »Frauen-Europa-Pikolfanale« sprach.

Dass Trainer ihre Schützlinge hin und wieder mal anständig triezen, manchmal vielleicht sogar sprichwörtlich in den A... treten müssen, damit die ihren inneren Schweinehund überwinden, ist verständlich. Das heißt aber noch lange nicht, dass sie Christoph Beyertt als »Verbands-Treter« bezeichnen müssen.

Mitunter fragt sich der Hörer: Was wollte mir der Reporter jetzt eigentlich sagen? So bei **Helmut Schulzes** Bemerkung: »Aue graust pfeifenlos an!«

Wenn man sieht, wie brutal sich manchmal die Spieler wie die Holzhacker gegenseitig umnieten, scheint die Formulierung von Horst Gill gar nicht so abwegig. Er sprach von der »Fußball-Waldmeisterschaft«.

Roland Matthes wird heute noch als bisher erfolgreichster Rückenschwimmer der Welt bezeichnet. Seine zahlreichen Europa- und Weltmeistertitel und mehrere Olympiamedaillen von Gold bis Bronze hätten **Hubert Knobloch** trotzdem nicht zu der Feststellung verführen sollen: »Roland Matthes erhielt 1970 den Pokal für die beste männliche Leistung!«

Wir Sachsen haben ja zeitlebens gegen die Klippen unseres liebenswerten Dialekts anzukämpfen. Besonders die harten und weichen Konsonanten liegen oft als Stolpersteine auf dem sprachlichen Asphalt. Vor allem dann, wenn das Lampenfieber der Originalberichterstattung vom Reporter Besitz ergreift.

Harry Schulz vollführte einen sprachlichen Flickflack bei den Turngeräten: »Die Frauen haben nur drei Gerede.«

Bleiben wir beim Turnen. Ingeborg Olbricht wusste, was sie sagen wollte, tat es aber nicht und ließ sich zu einem »Sturm-Städtekampf« verleiten.

Einer unserer weltbesten Skispringer war Helmut Recknagel. Auch im Februar 1960 stach er bei den Olympischen Spielen von Squaw Valley so manchen aus. Deshalb wohl änderte Heinz Stamm den Namen ab in »Helmut Recknadel«.

Helmut Recknagel war bei der Eröffnungsfeier Fahnenträger der gesamtdeutschen Mannschaft. Ein Banner in Schwarz-Rot-Gold mit den Olympischen Ringen flatterte für die Tage der Spiele über dem »Tal der Indianerfrau«. Der Aufruhr war groß: Die DDR hatte im Vorfeld der Spiele eine eigene Flagge für seine Sportler verlangt, und Adenauer lehnte den Flaggenvorschlag des IOC-Präsidenten Avery Brundage als »Eingriff in die nationale Würde« ebenfalls ab. Brundage entschied: entweder die gemeinsame Flagge oder Deutschland nimmt nicht teil.

Nun ging also eine gesamtdeutsche Mannschaft unter olympischen Ringen an den Start, die von einer einigen Mannschaft weit entfernt war. Bei der Vierschanzen-Tournee 1959/60 war Helmut Recknagel die Einreise in die BRD verwehrt worden. Nun stand Tourneesieger Max Bolkart neben Helmut Recknagel in einer Mannschaft. Mit seinem Sprung zur Goldmedaille war der Steinbach-Hallenberger der erste Nicht-Skandinavier, der Olympiasieger wurde.

Zum Zeitpunkt der Sprungwettbewerbe saß ich mit **Harry Glaß** im Studio des Deutschlandsenders vor dem Fernsehgerät und kommentierte die Sprünge. Harry hatte sich einen Beinbruch zugezogen und war nun ein willkommener Co-Kommentator. Das besonders deshalb, weil zu den Squaw-Valley-Spielen in den USA DDR-Journalisten keine Einreise erhalten hatten und wir für unsere Rundfunkberichterstattung auf die Informationen und Telefonreportagen vieler Helfer aus den Reihen der offiziellen Delegierten der Olympiamannschaft angewiesen waren. Großen Beistand erhielten wir auch von Journalisten der ČSSR, aus Polen und Ungarn.

Das Skispringen kommentierten Harry Glaß und ich vom Bildschirm. Das Bild »klauten« wir vom Westfernsehen. Der Ton war ausgeschaltet. So war uns unter diesen komplizierten Umständen trotzdem eine gute Olympiaberichterstattung im Rundfunk möglich. In dieser Zeit rückten die an den Sendungen Beteiligten enger zusammen. Auch jene, die nicht immer voller Begeisterung vom Staat DDR sprachen. Wir empfanden den Journalistenboykott als riesengroße Sauerei, der von westdeutscher Seite nicht widersprochen worden war. Und wir meinten, dass sich »Brüder und Schwestern« so nicht verhalten dürften. Dann werden wir es euch mal zeigen, schworen wir uns. Es gelang. Und darauf bin ich noch heute stolz.

Inzwischen nenne ich die Namen erfolgreicher Sportler der DDR seltener als in Zeiten meiner aktiven Sprechertätigkeit. Dafür sehe ich einige öfter. Mit vielen verbinden sich persönliche Erlebnisse, wie mit Joachim Ziesche und Achim Franke, dem legendären Eishockeyspieler und Trainer. Thomas Köhler, Olympiasieger und Weltmeister im Rennrodeln, der vergeblich versuchte, mich zu überzeugen, mit ihm den Oberwiesenthaler Eiskanal hinunterzurasen. Die Freude ist beiderseitig bei Treffen mit Gunhild Hoffmeister oder »Täve« Schur, Axel Peschel, Lothar Thoms oder meinem langjährigen Kollegen, Kameramann und Fotografen Wolfgang Behrendt, der 1956 in Melbourne die erste Olympische Goldmedaille für die DDR im Bantamgewicht der Boxer erkämpfte.

Mag man mich einen Nostalgiker nennen, ich pfeif drauf. Es sind für mich vor allem Erinnerungen an Begegnungen, die ich nicht aus meinem Leben streichen möchte, denn die Erinnerungen sind, wie Jean Paul es formulierte, das einzige Paradies, aus dem man nicht vertrieben werden kann.

Aber ich muss sie jetzt hintanstellen, denn Vorrang bekommen wieder diejenigen, die sich sprachlich an den Leistungen von Sportlern vergangen haben.

Sportreporter bemühen sich um eine gründliche Recherche, bevor sie am Mikrofon Behauptungen aufstellen. Und so konnte Helmut Schulze auch voller Überzeugung den Hörern verkünden, die schwedische Ski-Langlauf-Legende »Sixten Jernberg hat schon als Kind auf den Beinen gestanden«.

Während meines 1955er Praktikums in der Rundfunk-Sportredaktion hatte ich bei Fußballspielen Probleme damit, die Spieler von Mannschaften auseinanderzuhalten, und so kickten, gottlob nur in Probereportagen, Fußballer der Mannschaft A bei der Mannschaft B und umgekehrt. Meine damaligen Transfers gingen schneller als heute. Aber warum wollte ich 1960 den »Mittel-Titel-Verteidiger« einführen?

Bei der Friedensfahrt ließ Gerhard Schramm zum ersten Mal einen »Spritzenreiter« in die Pedalen treten, und Peter Höhne führte die »Gesandtschaftswertung« ein. Wenn man es recht bedenkt, war das mehr als logisch. Schließlich nannte man die Sportler »Diplomaten im Trainingsanzug«.

In den Sommermonaten fanden immer eine Menge Sportveranstaltungen statt. Umso verwunderlicher, dass im August 1960 lediglich eine Mängelnotiz dem Sport zugeordnet wurde. Hätte es **Werner Eberhardt** nicht gegeben, bliebe dieser Monat unbefleckt. So aber können wir darüber schmunzeln: »Die sowjetische Mannschaft dockt auch lecker.« Derselbe Reporter erlag wahrscheinlich einer Sinnestäuschung bei der Bemerkung: »Von der anderen Seite der Tribüne war die Sicht vermutlich nicht zu erkennen.«

Im Verlaufe meiner Ausführungen ist festzustellen, dass sich manche Versprecher zwar nicht wortwörtlich wiederholen, sich aber sehr ähneln. So kam Werner Eberhardt der Hundert-Meter-Brust von Heinz Maegerlein sehr nahe mit der Variante: »Einen neuen Deutschen Rekord gab es im Freistil viermal über die Brust.«

Rekordverdächtig war die Sportnachricht, mit der Joachim Trotz betraut war. Allerdings ist der Stab nicht über ihn zu brechen, sondern über den Redakteur, der das von Joachim über die 4x100-m-Frauenstaffel Gesagte so ins Manuskript geschrieben hatte: »Bei besseren Bahnverhältnissen ist sie in der Lage, Weltrekord unter 45 Minuten zu laufen.« Da bekommt der Ausruf »Ja, wo laufen sie denn?« eine ganz neue Bedeutung.

Auch Heinz Florian Oertel beschäftigte sich mit der 4x100-m-Frauenstaffel, die in einem Wettbewerb nicht die in sie gesetzten Erwartungen erfüllen konnte. Nach einem sechsten Platz wollte Oertel ein wenig die Wunden lecken und sagte: »Wir sind mit unserer Frauenstaffel wirklich doch in guter Hoffnung!« Unter diesen Umständen braucht man sich über das Ergebnis nicht zu wundern.

Rolf Ripperger nahm seine Arbeit nie auf die leichte Schulter, auch wenn er einen sowjetischen Gewichtheber zum »Sieger im Gleichgewicht« erklärte.

Lange scheint sich eine von Horst Link ins Leben gerufene Sportklasse und Sportart nicht gehalten zu haben, denn von ihr war nie wieder die Rede: die »Wasser-Oberball-Liga«.

Sponsoren im heutigen Sinne kannte der DDR-Sport nicht. Trotzdem verschaffte **Peter Bosse** dem SC Empor Rostock einen: den »SZoo Empor«.

Hallenhandball ist wohl die schnellste Ballsportart überhaupt. Und die Frauen-Nationalmannschaft hinterließ bei einem Spiel durchaus nicht den Eindruck, als sei sie auf Shoppingtour. Warum reporterte Günter Deckwerth dann von einem »Handball-Schländer-Spiel«? Ein anderes Mal vergab er »die Staffel-Siegerschaft«.

Nein, Frauenfeindlichkeit sollte den Reportern von damals nicht vorgeworfen werden. Aber sie sahen die Frauen manchmal mit anderen Augen. Wie **Werner Preiß**: »Sie tragen hinten auf ihren Trainingsanzügen die großen Buchstaben DDR auf der Brust.« Wenn da mal nicht Doping im Spiel gewesen ist!

Bislang habe ich bei fast allen »Verfehlungen« Ross und Reiter benannt. Über die folgenden Anekdoten, die nicht belegbar sind und auch in der Gerüchteküche der Sportredaktion hätten gekocht werden können, will ich den Mantel der Anonymität legen. Mutmaßungen mancher Sportfreunde über die Identität der Akteure habe ich nie bestätigt, aber auch nie dementiert.

Aus eigener Erfahrung weiß ich, was für eine zusammengeschweißte Truppe die Sportredaktion war. Auch wenn sie strukturell und aus personaltechnischen Gründen in drei Sender-Redaktionen aufgeteilt war, fühlte sie sich als ein Ganzes. Das hinderte sie allerdings nicht daran, immer mal wieder dem einen oder anderen Kollegen einen Streich zu spielen.

Sportreporter aller Medien müssen bei vielen Ereignissen vor Ort sein. Nicht nur im In-, sondern auch im Ausland. Dafür wurden sie von Kollegen anderer Redaktionen durchaus beneidet, wurden doch auch Ziele im damals sogenannten nicht sozialistischen Wirtschaftsgebiet, kurz NSW, angeflogen. Es gab Westgeld. Über die Höhe wurde meist spekuliert. In Aufzeichnungen von Ebbs Riedel ist nachzulesen, dass sein Tagesbudget zum Beispiel für Adelboden acht Westmark betrug.

Wenn es nicht gerade zu großen internationalen Meisterschaften ging, war die Personaldecke des Übertragungsteams sehr dünn, zumal wenn nicht mit eigener Technik gearbeitet wurde. Die heute übliche Reisegruppe von Reporter, Moderator, Experte, ein bis zwei Interviewern plus Redakteure hätte sich mancher Reporter zu DDR-Zeiten gewünscht. Ob eine derartige Journalistenansammlung die Qualität der Übertragung in jedem Falle verbessert, möchte ich bezweifeln. Bekanntlich wird getretener Quark breit, nicht stark.

In den meisten Fällen reisten die Journalisten von Hörfunk, Fernsehen und aus den Zeitungsredaktionen in einem Pulk zu den Orten des Geschehens. Und da sie sich untereinander gut kannten, waren ihnen zum Beispiel auch die Flugängste eines bestimmten Rundfunk- und Fernsehreporters nicht unbekannt.

Die Maschine rollte zum Start, man sprach über dieses und jenes, nur der betreffende Kollege saß still und verkrampft wie auf dem Zahnarztstuhl in seinem Sitz. Als die Maschine abgehoben hatte, sah er, wie der vor ihm sitzende Kollege eine Zeitung aufschlug. Der tat das bewusst so, dass sein von Flugangst geplagter Kollege auch alles schön mitlesen konnte. Kreidebleich las dieser: »70 Tote bei Flugzeugabsturz«, und rutschte noch tiefer in seinen Sitz. Natürlich hatten alle anderen Insassen ihn heimlich beobachtet und lachten lauthals über ihren gelungenen Scherz. Da kam wieder Farbe ins Gesicht des so Gehänselten. Nachgetragen hat er seinen Kollegen den Scherz mit der präparierten Zeitung nicht, für den sie eine Menge Arbeit investiert hatten, Setzer und Drucker einweihen mussten, und trotzdem nichts zu dem »Flugangsthasen« durchgesickert war.

Im jugendlichen Alter – besonders wenn man gewillt ist, sein Junggesellendasein zu beenden – streckt man sich, reckt sich und versucht, eine möglichst straffe Figur zu machen, wenn einem ein schönes Mädchen entgegenkommt. Dafür war auch ein Reporter bekannt, der sich in den Gängen des Funkhauses nach seinem Balzgehabe sogar umdrehte, um feststellen zu können, welchen Eindruck er hinterlassen hatte. Da besagter Kollege jedoch verheiratet und – soweit bekannt – auch treu war, diente die Pfauenpose lediglich der Stärkung des eigenen Selbstbewusstseins. Diese eitlen Spielchen waren seiner Frau wohl nicht verborgen geblieben und schürten, obwohl harmlos, bei ihr die Eifersucht.

Nach einem internationalen Sportereignis in Paris – ihr Mann war schon wieder drei Wochen in der Heimat – findet die Gattin im Briefkasten eine Ansichtskarte aus der französischen Hauptstadt mit sehnsüchtigen Worten und eindeutigen Erinnerungsseufzern einer gewissen Claudette. Er habe keine Ahnung, wer diese Claudette sei, versichert unser Möchtegern-Casanova, und die Angelegenheit scheint auch für seine Frau erledigt zu sein. Scheint. Denn nach drei Tagen verzehrt sich Claudette abermals postalisch nach ihrem deutschen Liebhaber. Ja, nach wiederum drei Tagen und wiederum drei Tagen und wiederum drei Tagen weiß der Bel Ami selbst nicht mehr, wo ihm der Kopf steht, zumal seine Frau ernsthaft von Trennungsabsichten spricht.

Natürlich hat er sich in seiner Not seinen Kollegen anvertraut, ihnen versichert, dass er wirklich keine Amouren in Paris gehabt hätte und nicht wisse, wie er in diesen

Liebesstrudel hineingeraten sei. Die Kollegen beschließen nun, der Ehefrau reinen Wein einzuschenken, und gestehen, die Karten selbst geschrieben zu haben. Die ist natürlich misstrauisch, vermutet dahinter eine reine Hilfsaktion für ihren ertappten Ehemann. Erst als die Kollegen voraussagen, was auf den nächsten zu erwartenden Karten stehen werde, und recht behalten, ist die Frau von der Unschuld ihres Mannes überzeugt. Die Kollegen hatten in Paris wohl an die zwanzig Karten geschrieben und einen französischen Kollegen gebeten, sie in regelmäßigen Abständen auf den Postweg zu schicken.

Oh, là, là, das hätte schiefgehen können. Da war die Sache etwas aus den Fugen geraten. Oder, wie einmal **Wolfgang Hempel** sagte: »Das Spiel der Wismut-Mannschaft ist etwas aus den Binsen gegangen.«

Kabbeleien unter Kollegen

Ich finde im *Schatzkästlein* eine der beliebten Lautverschiebungen: »die Tischtennisspieler, die mit den kleinen Bällen umzustehen verstehen.« Wer der Verursacher ist, möchten Sie wissen? Nun, er verabschiedete sich in seiner Musiksendung *Schlagermagazin* immer mit den Worten: »Punkt. Unterschrift. Gezeichnet: Herbert Küttner.«

Herbert war eigentlich Englisch-Dolmetscher und begann seine Sprechertätigkeit 1947 in Leipzig beim Mitteldeutschen Rundfunk. Als ich 1948 beim Kinderfunk meine ersten Sprecherschrittchen tat, war er schon ein angesehener, weil textsicherer Sprecher. Bekannt und beliebt wurde er vor allem als Sportsprecher und da wiederum als Sprecher der Übertragungen von der Friedensfahrt. Ich habe von Herbert viel lernen können, und wir hatten viel Spaß miteinander. Als ich noch ledig war, fuhren wir oft nach dem Dienst gemeinsam mit dem Zug nach Leipzig, wo er wohnte und ich meine Eltern besuchte.

Folgende Situation: Wir wollten nach dem Frühdienst sofort los. Wenn wir bis Dienstschluss 15 Uhr gewartet hätten, wäre der Zug, den wir erreichen wollten, weg gewesen. Wir bekamen die Genehmigung, sofort nach den Nachrichten 13 Uhr 10 das Funkhaus zu verlassen. Herbert las auf Radio DDR, ich auf dem Deutschlandsender. Doch auch das wäre zu spät gewesen. Wir mussten das Studio 13 Uhr 9 verlassen, wenn wir die Straßenbahn bis Ostkreuz und dann die S-Bahn bis Ostbahnhof noch erreichen wollten. Vor dem Nachrichtendienst zählten wir noch einmal die Zeilen der Meldungen. Wenn wir Pech hatten, war der Dienst mit 120 Zeilen, 12 Zeilen pro Minute, randvoll. Trotzdem, wir mussten es schaffen! Und schafften es auch immer.

Vielleicht haben die Hörer wegen unseres Tempos den Wetterbericht nicht ganz verstanden, wir jedenfalls saßen pünktlich im Zug nach Leipzig. Manchmal saßen wir nicht, sondern mussten stehen, hakten uns in den Halteschlaufen ein und schliefen stehenden Fußes; besonders nach Nachtdiensten, wenn wir nach den Nachrichten 7 Uhr 9 zum Nahverkehrs-Sprint ansetzten. Der kurze Schlummer dauerte bis Schönefeld, wo wir zur Passkontrolle geweckt wurden. Herbert und ich schliefen in allen Lebenslagen. Die Passkontrolle durch die Transportpolizei wurde vorgenommen, weil Schönefeld eine der Kontrollstellen im Zugverkehr zwischen der DDR und Berlin war. Analoge Kontrollpunkte gab es auch im Straßenverkehr.

Der Zwischenstopp in Schönefeld rettete uns einmal vor einem Riesenumweg. Wir trieben nicht nur mit uns selbst unsere Scherze, sondern versuchten, die Mitreisenden an der Nase herumzuführen.

Glücklich hatten Herbert und ich wieder einmal in letzter Minute den Zug erreicht. Es lief eigentlich schon alles automatisch: raus aus der S-Bahn, Treppe runter, zum entsprechenden Bahnsteig, Treppe rauf und rein in den Zug. Abfahrt.

In besagtem Fall hatten wir vermeintlich Glück, der Zug war nur mäßig besetzt, und wir bekamen ohne Mühe einen Sitzplatz. Nach einigen Minuten Verschnaufpause – wir fuhren schon an Ostkreuz vorbei, was uns zu der Äußerung veranlasste, wie schön es wäre, wenn man schon hier zusteigen könne – fragte Herbert:

»Sag mal, wann sind wir in Karl-Marx-Stadt?«

Ich war sofort im Bilde. Die Fahrgäste sollten, nicht zum ersten Mal, verunsichert werden, denn es war ja der Zug nach Leipzig.

»Oh, das kann ich dir auch nicht sagen. Aber warte mal, das müsste ...«

»Rechnen Se nich erschd nach«, sagte ein Herr in unserem Abteil, »wennmer büngdlisch eindreffen, sinnmer halb elfe in Gorl-Morx-Stadt.«

Wir schauten uns verdutzt an, bedankten uns höflich und verließen am Bahnhof Schönefeld den Zug. Schließlich wollten wir nach Leipzig.

Eine andere Gelegenheit; es war wieder einmal nach einem Nachtdienst. Pass- und Fahrkartenkontrolle lagen hinter uns, und es gab nun kein Hindernis mehr, den Nachtschlaf im Zug nachzuholen. Es dauerte nicht lange, und ich war eingenickt. Mit einem Mal wurde ich durch energisches Klopfen an der Scheibe munter. Ich schaute hinaus – draußen stand Herbert mit seiner Tasche und gab mir zu verstehen, dass ich aussteigen müsse, wir seien schon da. Noch etwas schläfrig, aber in aller Eile raffte ich meine Sachen zusammen, rannte zum Ausgang und auf den Bahnsteig, denn Leipzig war nicht Endstation, der Zug fuhr weiter. Wo war Herbert? Der schaute fragend aus dem Fenster des Abteils und bedeutete mir einzusteigen. Das tat ich selbstverständlich und begriff, dass Herbert mich gefoppt hatte.

Als wir auf der Bahnstation Wittenberg hielten, war Herbert ausgestiegen, während ich schlief, und klopfte gegen die Scheibe. In dem Moment, da ich zur Abteiltür stürzte, stieg Herbert bei der anderen Tür wieder ein, setzte sich gemütlich ans Fenster und tat völlig erstaunt, was ich auf dem Bahnsteig machte. Natürlich wusste Herbert genau, dass die Haltezeit auf dem Bahnhof für seinen Scherz ausreichen und keine unangenehmen Folgen für mich haben würde.

Herbert Küttner verstarb 2010 mit 83 Jahren.

Vor weiteren Anekdoten noch ein paar sprecherische Übeltaten aus dem Bereich des Sports:

Walter Kaufmann: »Das war das 2:0 für den FSV Frankfurt, aus halbrechter Position ins halblinke Eck.«

Folgende Version eines Hallenhandball-Länderturniers von **Katharina Gerstner** hat schon die Qualität eines Zungenbrechers à la »Fischers Fritze fischt frische Fische«. Wie war das gleich, Frau Gerstner, wovon berichten wir? Ach so, von einem »Hallen-Halsband-Hansbald-Handball-Länderturnier.«

Manchmal spielt uns bei Sportübertragungen die Technik einen Streich, und der Sprecher muss die Störung entschuldigen. Das macht jeder auf seine mehr oder weniger charmante Art und Weise. Bei einer Leitungsstörung während einer Reportage aus Lahti in Finnland klang das bei Horst Link so: »Verehrte Hörer, wir suchen versuchsweise die Übertragung fort.«

Beim Fußball sind uns viele Begriffe mit »Bällen« geläufig: Eckbälle, Flankenbälle oder Kopfbälle. Die »Bälle der Begeisterung« von Werner Eberhardt sind mir allerdings neu gewesen. Wahrscheinlich war das den vielen Höhepunkten bei der Fußball-Weltmeisterschaft 1958 in Schweden geschuldet. Da war Heinz Florian Oertel in seinem Element, denn er konnte mit seiner bildhaften Sprache brillieren. Und so sprach er »von einem seltenen Tor, einem Mauritiustor«.

Als die Franzosen auf regennassem Boden spielen mussten, wagte er den Vergleich: »Der Rasen ist so schlüpfrig wie eine Gasse in Marseille.« Ja, ja, reisen bildet.

Die Regattastrecke in Berlin-Grünau war jahrzehntelang Austragungsort internationaler Ruder- und Kanuwettbewerbe. »Kalomslanuten« à la Claus Britze sind hier aber nie gefahren. Die erste Ruderregatta auf diesem Gewässer wird 1880 erwähnt. Damit befindet sich im Stadtbezirk Treptow-Köpenick die älteste noch genutzte Sportstätte Berlins. Auch während der Olympischen Spiele 1936 fanden die Kämpfe um Gold, Silber und Bronze in den oben genannten Disziplinen auf dem »Langen See« statt, durch den der Fluss Dahme hindurchfließt, bevor er in der Spree seine Selbstständigkeit aufgibt.

Zu den Spezialisten für Ruder- und Kanuwettbewerbe zählte Harry Schulz. Deshalb war es für ihn kein Problem, fachkundig zwischen den Ruderformen Skull und Riemen zu unterscheiden. Skulls gibt es immer zwei pro Ruderer, bei den Riemenbooten hat jeder nur ein Ruder. Bei einem Riemen-Achter gibt es also jeweils vier auf jeder Seite. Ein solches Achterrennen, die Königsklasse, hatte Harry Schulz zu übertragen. Möglicherweise handelte es sich sogar um DDR-Meisterschaften, bei denen sich unter anderem die Boote der Deutschen Hochschule für Körperkultur und Sport (DHfK), des Armeesportklubs

ASK, des TSC Berlin-Oberschöneweide oder des SC Einheit Dresden spannende Kämpfe lieferten. Harry legte die Spannung des Rennens in seine Stimme, um die Hörerschar an den Rundfunkgeräten daran teilhaben zu lassen: »Nur noch wenige Meter trennen die kräftigen Männer des ASK von der Ziellinie, sie erhöhen noch einmal die Schlagzahl – und da kommt die Zielglocke, und völlig erschöpft lassen acht Männer ihre Riemen in die Dahme hängen.«

Ein Schelm, wer Schlechtes dabei denkt!

Der vom Familiennamen fast gleich klingende Helmut Schulze kann als Reporter der ersten Stunde bezeichnet werden, der im hohen Alter an der Sporthochschule Leipzig promovierte und dem Reporternachwuchs so manchen handwerklichen Tipp an der Universität Leipzig und außerhalb der Seminare gab. Das bewahrte ihn nicht davor, Dinge zu sagen, die ihm einen Platz in den Versprecher-Memoiren sichern. Schauplatz Eisstadion: »Fast alle Läuferinnen haben sich nun aufs Eis gemacht.« Beim Autorennen: »Kaum war der erste Wagen im Ziel, da kam auch schon der zweite angefeuert.« Oder: »Die Wartburgwagen haben hohe Geschwindigkeitsdurchschnitte gezeigt.«

Eine Friedensfahrt ohne Reporter Helmut Schulze war undenkbar. So ist es nicht verwunderlich, wenn er auch da Spuren hinterlassen hat: »Im untergehenden Nachmittagssonnenschein erwarten wir die Fahrer. Die Zuschauer sind mit dem Publikum nicht zufrieden.«

Ankunft unserer erfolgreichen Friedensfahrtmannschaft auf dem Flughafen Berlin-Schönefeld. Helmut am Mikrofon: »Zunächst betritt die Stewardess die Gangway und öffnet weit ihre Klappe für die Männer ...«

Während meines Praktikums in der Sportredaktion des Rundfunks 1955 profitierte ich von den Erfahrungen Helmut Schulzes. Allerdings war er ein strenger Lehrmeister, der Disziplin, Pünktlichkeit und Respekt vor dem Alter als notwendige Tugenden eines »Lehrlings« einforderte. Als ich mich einmal in eine Debatte einmischte, die nichts mit der Arbeit zu tun hatte, wurde ich von ihm zurechtgewiesen, dass ich nur reden solle, wenn ich gefragt würde.

Einmal waren wir zu einem Interview verabredet. Ich fuhr mit der Straßenbahn zum Treffpunkt und sah vom hinteren Wagen aus meinen Mentor im vorderen Abteil stehen. Zugegeben, ich war spät dran, aber da Helmut mit derselben Bahn ankam, hielt ich das nicht für tragisch. Er stieg allerdings vorn aus, war also ein paar Sekunden früher da als ich, der hinten herum um die Bahn gehen musste. Seine Rüge ob meiner Unpünktlichkeit blieb nicht aus. Ich hätte bereits dazustehen, wenn er käme, begegnete er meinen Einwänden. Er sparte aber auch nicht mit Lob, wenn eine entsprechende Leistung gebracht wurde. Und meine Tochter hat als Journalistik-Studentin ihren Vater mehrmals als gutes Beispiel von ihm unter die Nase gerieben bekommen.

Redakteur und Reporter **Horst Bräunlich**, selbst schon in die Pedalen getreten bei DDR-Rundfahrten und anderen Rennen, ließ bei einer Zielreportage verlauten: »Jetzt kommen dahinten fünf Fahrer um die Kurve gebogen.« Ein anderes Mal hoffte er, »dass uns dieser Renntag bei diesem schönen Wetter erhalten bleibt«.

Meine Wenigkeit stellte die westdeutsche Mannschaft der Friedensfahrt für 1958 vor, nannte die Fahrer und zum Schluss den »Ersatzführer«. Zum ersten Mal überhaupt nahm eine Mannschaft der BRD 1956 an der Friedensfahrt teil.

Ich war durchaus variabel in den Bezeichnungen von Sportereignissen. So taufte ich einen Radsportklassiker der Hauptstadt »Rund in Berlin«.

Als ich einmal zu Beginn einer Sportsendung Unterschiede in der Anrede der Rundfunkteilnehmer machte – »Verehrte Hörerinnen und Sportfreunde« –, verteidigte Helmut Pietsch mein sprachliches Machogehabe mit den Worten, dass es ja schließlich auch heiße: »Jeder *Mann* an jedem Ort, einmal in der Woche Sport!«

Harry Schulz schilderte bei einer Box-Europa-Meisterschaft den schweren Kampf eines Boxers: »Er versucht, sich seiner Haut zu erwehren.«

Harry war einer der Reporter bei den Weltmeisterschaften in den Nordischen Disziplinen in Strebske Pleso 1970. Er berichtete vom 50-km-Langlauf, sozusagen dem Ski-Marathon. Unser Läufer Gerhard Grimmer war schon im Ziel. Grimmer galt als bester mitteleuropäischer Langläufer. Er war bis zum Jahre 2003 der einzige deutsche Skilanglauf-Einzelweltmeister. In Strebske Pleso hatte er bereits Silber über 30 km und mit der 4x10-km-Staffel geholt.

Nachdem Grimmer das Ziel durchlaufen hatte, deutete sich an, dass seine Zeit hervorragend sein müsse. Harry war in seinem Element und ganz aus dem Häuschen: »Die Zeit wollen wir festhalten: 2 Minuten 59 Komma 12 Sekunden! Eine unwahrscheinliche Sensation! Ganz unglaublich!« Es war auch nicht zu glauben. Deshalb rechneten die Hörer nach und stellten fest, dass die genannte Zeit einem Stundenmittel von über tausend Kilometern entspricht, das wäre beinahe Schallgeschwindigkeit. Grimmers korrekte Zeit war 2 Stunden, 50 Minuten und 12,88 Sekunden. Das reichte für Bronze. Vier Jahre später, 1974 in Falun, wurde es Gold. Gerhard Grimmer war mit 2:19:45,26 h fast eine halbe Stunde schneller als der Sieger von Strebske Pleso.

Es soll nicht gehässig sein, wenn ich eine weitere Ungereimtheit von Harry Schulz anfüge. In der Sendung

Sportreporter fragte er seinen Gesprächspartner: »Haben Sie zufällig etwas im Kopf?«

Und als er 1970 von den Weltmeisterschaften im Rennschlittensport zurückkam, war er in der soeben genannten Sendung selbst der Befragte, von dem man wissen wollte, ob das schlechte Abschneiden der DDR-Rodler auf den Rücktritt erfolgreicher Athleten zurückzuführen sei. »Ja«, sagte er, »ein gewisses Loch fehlt!«

Nachrichtensprecher mussten selbstverständlich auch mal Sportnachrichten sprechen. Nicht nur die, die Bestandteile der Nachrichtensendung waren. Bei den meisten Kollegen hielt sich die Begeisterung darüber in Grenzen, waren ihnen doch viele Namen und Begriffe des Sports ein Buch mit sieben Siegeln. Bei den Programmsprechern war die Abneigung vor solchen Meldungen nicht geringer.

Christoph Beyertt kam im Verlaufe der Sportnachrichten zum Fußball: »Der 1. FC Union Berlin wahrte seine Aufstiegschancen gegen den KWO-Sportplatz durch einen 3:0-Erfolg.«

Nein, es gab keine Sonder-Wetterberichte mit Sturmwarnungen, auch wenn Heinz Stamm davon sprach, dass in Leipzig »das Sturm- und Sportfest« stattfindet.

Marian Homrighausen wies bei der Übertragung dieses Sportereignisses auf »die hohlen Ziele« hin, die es zu erreichen gelte. Mängel bei einer Fernsehübertragung versuchte er mit den Worten abzufangen: »Wir bitten die schlechte Tonqualität zu entschuldigen, Reporter war **Gerhard Kohse**.«

Eine besondere Sicht auf Gewichtsklassen beim Boxen hatte Fritz Wendt, als er vom »Schwergesichtsmeister Hein ten Hoff« berichtete.

Und jetzt wieder ein paar Kostproben von Heinz Florian Oertel aus unterschiedlichen Reportagen:

»Das Spiel wurde bei einem strömenden Wolkenbruch ausgetragen.«

»Die kurzgeschnittenen Haare fielen ihm ins Gesicht.«

»Verzeihung, Herr Bloch, wie war doch Ihr Name?«

Carl Nagel, ein junger Nachrichtensprecher beim MDR in den Nachkriegsjahren, berichtete einmal von den »Tünsch-Tennismeisterschaften«.

Manche Versprecher der Sportreporter – mitunter sind es ja nur verunglückte Formulierungen – können nur verstanden werden, wenn man sich einstige Gegebenheiten vorstellt. Junge Menschen kennen von den Laufwettbewerben der Leichtathletik zumeist nur den Kunststoffbelag der Tartanbahnen. Bevor 1968 der Letzigrund in Zürich als erstes Stadion in Europa mit einem solchen Belag ausgestattet wurde, gab es überall auf der Welt Aschenbahnen, die aus einem Schotter- oder Schlackenbett mit einer festgewalzten Decke aus einem Asche- oder Sandgemisch bestanden. Und während heute bei vielen Läufen kleine Startblöcke den Füßen Halt geben, hantierten die Läufer in früheren Zeiten mit kleinen Buddelschaufeln, um sich regelrechte Startlöcher in die Aschenbahn zu graben, damit die Füße beim Start eine Abstoßmöglichkeit hatten. Ich beschreibe das so ausführlich, damit nicht falsch verstanden wird, was Gerhard Kohse spannungsgeladen schilderte:

»Wir kommen nun, liebe Leichtathletikfreunde, zu einem weiteren Höhepunkt des heutigen Tages, dem 100-m-Lauf der Damen. Die Amazonen der Aschenbahn haben Aufstellung genommen ... Sie begeben sich in Startposition – der Starter hebt die Pistole – da kommt der Schuss, und sechs Mädchen spritzen aus ihren Löchern!«

Ich bleibe bei der Leichtathletik. Über 100 Meter hatte Siegfried Schenke sich schon den Meistertitel geholt und lag auch beim 200-m-Lauf vorn. Gerhard Kohse feierte ihn noch vor der Ziellinie als Sieger: »Das ist der Stoppel-Sprintmeister Schenke.«

Weil es so schön mit Gerhard ist, spielen wir mal Mäuschen im Fernsehstudio mit prominenten Gästen, als er »den Startschiss zu einer Erinnerung an die Kinder- und Jugendspartakiade« gab. Gerhard hat es natürlich gemerkt und beherrschte sich gekonnt, weil er immer noch im Bild war. Auch die Gesprächsteilnehmer ließen sich nichts anmerken. Das wäre ja auch besch... zum Schießen gewesen.

Jürgen Babenschneider führte 1971 eine Neuerung beim Schwimmen ein. Er verwies darauf, dass die Meisterschaften »auf einer 25-km-Bahn ausgetragen werden«. Ich habe **Heinz Friederiszick** im Verdacht, dass er dort auch die »Siegerin im 200-m-Brustspringen« gefunden hat. Alfred Knop wiederum überraschte in den Nachrichten der *Aktuellen Kamera* mit einer »Volley-Weltball-Meisterschaft«.

Versprecher sind nicht immer ganz stubenrein, das haben bisherige Beispiele gezeigt, und das wird auch durch den Fauxpas von **Klaus Uhlemann** bewiesen. Er kommentierte das Fußball-Liga-Spiel Post Neubrandenburg gegen Vorwärts Stralsund. »Die Stralsunder, bis dahin Onanierer ... ohne Niederlage ...«

Der sogenannte Breitensport hatte immer einen guten Sendeplatz. So konnte Alfred Knop sicher sein, eine große Hörergemeinde zu erreichen, als er davon berichtete, wie beim Skilauf auf dem »Idiotenhügel« die Skihaserln »sehr oft auf dem Hodenbusen ins Tal rutschten«.

Wer erinnert sich nicht an die glanzvollen Übertragungen von Eiskunstlauf-Wettbewerben und die eleganten und bildreichen Formulierungen in den Reportagen. Ganz begeistert war **Gerhard Obermüller** von der Eiskunstläuferin, wie sie ihre Pirouetten dreht: »... sie dreht sich und dreht sich und ihr Röckchen hebt sich im eigenen Wind.«

Das war es aber nicht, was Fernsehansagerin Gerlind Ahnert veranlasste, die Weltmeisterschaften im Eiskunstlaufen als »Ausscheidungen beim Eistanz« anzukündigen.

Um dem Vorwurf mangelnder Seriosität vorzubeugen, möchte ich noch die »Moralschanze in Johanngeorgenstadt« von Harry Schulz anfügen.

Ich übernehme eine Absage-Version meines Kollegen **Siegfried Loyda**, um den sprachlichen Sportkapriolen ein Ende zu setzen. Er wollte mit seiner Absage den Hörern kundtun, dass sein Dienst beendet sei, und verabschiedete sich: »Das war der Sport, ich geh jetzt fort!«

Aber ich möchte noch eine Episode zum Besten geben, bei der ich auf die Klarnamen verzichte. Einer der Sportreporter, nennen wir ihn Emil, war ausgesprochener Pferdesportnarr. Die Ergebnisse der Rennen in Berlin-Karlshorst, Hoppegarten oder von anderen Rennbahnen der Republik wurden in den Sportsendungen ausführlich aufgelistet. Nun ging das Gerücht um, Emil hätte ein heimliches Verhältnis zu einer Dame, die ich Amanda nennen will. Da wir sicher sein konnten, dass Emil die Galopp-Ergebnisse am Radio verfolgen würde, kam es, und auch hier spintisiere ich bei den Namen, neben Csaplewsky auf Amazone, Pyritz auf Edelweiß und Zschache auf Sternendeuter auch zu dem Resultat »Emil auf Amanda«. Als besagter Kollege seinen Namen und den seiner Gespielin im Radio hörte, bemerkte seine Frau Gott sei Dank nicht seine entgleisten, blassen Gesichtszüge. Wahrscheinlich hätte sie den Notarzt gerufen.

Neue Sphären

Die Aus- und Weiterbildung der Sprecher, ihre Kenntnisse auf unterschiedlichen Gebieten und die Beherrschung der Phonetik fremder Sprachen waren so umfangreich, dass sie für die anfallenden Aufgaben im Hörfunk und später auch Fernsehen sehr gut gewappnet waren.

Die bereits geschilderten und die noch folgenden Episoden scheinen mich Lügen zu strafen. Doch wie so oft im Leben sind Theorie und Praxis zwei unterschiedliche Paar Schuhe. Und mancher Sprecher ging eben öfter als seine Kollegen mit einem hellen und einem dunklen Schuh ins Studio.

Was macht denn ein Sprecher, das bin ich oft gefragt worden, wenn in seinen Texten ein Name auftaucht, den er noch nie gehört hat? Wenn ich davon ausgehe, dass es sich um einen Sprecher handelt, der nicht erst seit gestern seinen Dienst versieht, dann darf ich ohne Überheblichkeit antworten, dass 99 Prozent der Hörer dieser Name auch nicht geläufig ist. Sollte ein unbekannter Name in einer Primavista-Meldung auftauchen, dann bleibt noch nicht einmal Zeit zum Beten, da muss der Sprecher unter Zuhilfenahme aller Erfahrung sehen, wie er diese Hürde gekonnt überwindet.

Sobald er dann aber das Studio verlässt, gebieten es Pflicht und Berufsehre, sich sofort zu informieren, wie der Name korrekt ausgesprochen wird. Zunächst werden hauseigene Informationsquellen angezapft, wie außenpolitische Redaktionen, Korrespondenten oder Kollegen der Auslandswelle – in unserem Falle war das Radio Berlin International. Unsere wichtigsten Ratgeber aber waren die in unserem Lande ansässigen diplomatischen

Vertretungen oder andere ausländische Institutionen. Die Presseabteilungen der Botschaften halfen uns gern bei unseren Recherchen, sahen sie doch daran, dass wir Persönlichkeiten ihres Landes mindestens mit Höflichkeit begegneten, selbst wenn Hochachtung aufgrund der in ihrem Lande herrschenden Verhältnisse nicht möglich schien. Im Laufe der Jahre waren wir in den Vertretungen hinlänglich bekannt und bekamen manchmal schon bei den Mitarbeitern in der Telefonzentrale Antworten auf unsere Fragen.

Die Ergebnisse der Nachforschungen wurden in phonetischer Umschrift in einem Buch festgehalten, das immer griffbereit im Studio lag. Der jeweilige Kollege vermerkte dabei auch die Quelle seiner Erkundungen, damit im Zweifelsfalle nachgefragt werden konnte. Heute werden entsprechende Dateien in Netzwerken angelegt und genutzt. Das Prinzip ist gleich. Umso verwunderlicher, wie lax zum Beispiel mit Namen aus slawischen Sprachen umgegangen wird. Man könnte den Eindruck gewinnen, nur noch englische Begriffe hätten Priorität, alles andere sei unwichtig. Nur gut, dass so mancher Fußballer während der Übertragung eines Spieles seinen vom Reporter verunstalteten Namen nicht hören kann. Er müsste wahrscheinlich, einer Ohnmacht nahe, sofort ausgewechselt werden.

Kopfschüttelnd habe ich bei den Spielen der Fußball-Bundesliga die Namen zweier Polen gehört: Krzynowek und Smolarek. Ausgesprochen werden die drei Konsonanten »krz« wie »ksch«. Betont wird im Polnischen in der Regel auf der vorletzten Silbe, also beim ersten Sportler auf dem »O« und beim zweiten auf dem »A«: »Kschünowek« und »Smolarek«. Doch das interessierte die Reporter nicht. Bei ihnen hießen sie »Kschünowek« und »Smolarek«.

Mag sein, dass ich jetzt als pingelig verschrien werde. Die Krönung kommt aber noch. Bei der Fußball-Weltmeisterschaft 2006 in unserem Lande ließ sich ein Reporter dazu herab zuzugeben, dass die Sportreporter diese beiden polnischen Spieler immer falsch ausgesprochen hätten. Trotzdem wolle man es bei der alten Aussprache belassen, man habe sich schließlich daran gewöhnt. Dreister geht es nicht! Wer so sträflich Aussprachregeln missachtet, verletzt auf das Gröbste das Berufsethos der Sprecherzunft.

Das muss ich leider auch von denen sagen, die das Buschmesser Machete immer mit einem »ch« wie in »ach« aussprechen. Selbst wenn es umgangssprachlich üblich sein mag, in den Medien sollte die korrekte Aussprache »matschete« gebräuchlich sein. Den lateinamerikanischen Tanz benennen wir ja auch mit »Tscha tscha tscha« (Cha-Cha-Cha), und der bolivianische Revolutionär heißt »Tsche« (Che) Guevara. Würden die beiden Beispiele mit dem »ach«-Laut gesprochen, lachte sich die Welt kaputt.

Kommen wir wieder zu den heiteren Dingen und dem Thema unbekannte Namen.

1960 wurde in Großbritannien ein Mann zum Außenminister berufen, dessen Name uns nicht sehr schwer auszusprechen schien: Alec Douglas-Home. Home wie Haus, Heim, Heimat. So sprachen wir ihn in etlichen Nachrichtensendungen. Eines Tages überraschten uns die Kollegen unserer Auslandswelle Radio Berlin International mit der Information, dass besagter Außenminister bei der BBC »Hjum« ausgesprochen würde. Sofort änderten wir unsere Aussprache. Es dauerte nicht lange, da kam eine Erklärung für diese Merkwürdigkeit in Umlauf.

Einer seiner Vorfahren soll Heerführer gewesen sein. Bei Attacken war es üblich, dass dieser seinen Säbel zog und nicht wie in Preußen »Hurra« schrie, sondern seinen eigenen Namen. Und als das Gefolge »Hoooome« hörte, soll es sofort umgekehrt sein. Das hätte, um weitere Irritationen zu vermeiden, dazu geführt, dass der Name künftig »Hjum« ausgesprochen wurde. Als besagter Außenminister 1963 britischer Premierminister wurde, hatten wir keine Schwierigkeiten mehr mit der Aussprache seines Namens.

Daran sieht man, dass bei Eigennamen die schlichten Schulkenntnisse nicht immer ausreichen. Das trifft auch auf einige englische Grafschaften zu, die ich durch den Schulunterricht in den kleinen Reclam-Heften mit Shakespeares Werken kennengelernt habe, und zwar als »Leitschester« und »Glotschester«. Die bekannteste Grafschaft ist wahrscheinlich die, nach der die berühmte Würztunke Worcestersoße benannt wurde. In der Schule habe ich noch von »Wortschester« gesprochen. Es hat mich auch keiner korrigiert, dass es »Wuster« ausgesprochen wird. Später erst erfuhr ich von den Ausnahmen in der Aussprache einiger englischer Grafschaften. Darunter eben Leicestershire (»Lestersher«), Gloucestershire (»Glostersher«) und Worcestershire (»Wustersher«).

Wie in anderen Berufen, hört für den Sprecher, wie überhaupt für den Journalisten, das Lernen nie auf. Jeder Tag ist Lehrzeit.

Bis zum Herbst 1957 war uns beispielsweise der Begriff »Sputnik« überhaupt nicht geläufig. Mit dem Startschuss für die sowjetische Raumfahrt hatten wir es nun immer wieder mit neuen, unbekannten Begriffen aus der Raumfahrt zu tun. Das galt vor allem auch für russische Namen, von denen der des ersten Menschen im Weltall, Juri Gagarin, leicht auszusprechen war. Die Meldungen über die sowjetische Raumfahrt häuften sich in den

Nachrichtensendungen. Bei den Berufswünschen der Kinder standen nicht mehr Lokomotivführer und Feuerwehrmann an erster Stelle, sondern der Kosmonaut. Erst ein Kosmonaut, dann zwei, darunter eine Frau, Valentina Tereschkowa. Dieser Name veranlasst mich, auf eine Stilblüte in der Halleschen Zeitung *Freiheit* einzugehen: »Vor fünf Jahren startete der Welt erste und bisher einzige Frau in den Kosmos.«

Man möchte meinen, altgediente, erfahrene Sprecher könne nichts mehr aus der Fassung bringen und sie umkreisten sicher die phonetischen Umlaufbahnen. Na, schauen wir mal.

Beim Rundfunkabendgruß machten die Kinder große Augen, als sie hörten: »Der Futnik spuckt den Gruß zur Nacht.« Da war wohl **Luise Thiele** selbst schon mit einem Bein im Bettchen.

Mit dem Begriff der interplanetarischen Station hatte Gerhard Schramm so seine Schwierigkeiten. Die Hörer wiederum mit seiner »interparlamentarischen Station«.

In den Nachrichten, das wussten die Hörer, erfuhren sie immer das Neueste über die Raumfahrt. Aber manchmal staunten sie nicht schlecht. Wie beispielsweise bei der Information von **Herbert Perschke**, dass mit der sowjetischen Orbitalstation auch »Treibstoff transpiriert werden kann«.

Zeitlebens hat Hans-Georg Knörich den Versprecher bestritten, der am Himmelfahrtstag von ihm zu vernehmen war: »Mit dem Start von Sputnik III ist den sowjetischen Wissenschaftlern der Sprung in den Konsum ... Kosmos gelungen.«

Sehr oft sprechen wir bei Neuerungen und Erfindungen von der Geburtsstunde einer Entwicklung. Manchmal verlegt der Sprecher aber unabsichtlich etwas in die Entbindungsstation, weil er das stimmhafte und das stimmlose »S« verwechselt. So geschehen bei Hans-Jochen Rehak mit dem »kreißenden Sputnik«.

Unbekannt ist, wer die »komische Geschwindigkeit des Sonnen-Sputniks« in die Welt gesetzt hat.

Beim Flug von Lunik II 1959 begab sich **Otto Bark** für die Hörer auf das Dach des Funkhauses, um für sie die »Natron-Wolke« des Flugkörpers zu entdecken. Gemeint war jedoch Natriumdampf, genauer gesagt ein Blitzlicht, dass in 130 000 Kilometern Entfernung zur Erde gezündet wurde. Es war für Observatorien sichtbar und diente der Verfolgung der Umlaufbahn und als Experiment zur Gasausdehnung im Weltraum.

Sie hatten sich nicht abgesprochen mit ihren Versprechern, Horst Link und Inge Bartels. Es lagen vier Wochen zwischen den »kosmetischen Raketen« der beiden. Wo diese gestartet werden, verriet Gerhard Schramm: »von der nördlichen Hemmnisphäre«. Gleichzeitig teilte er mit, »dass die Übertragung der wissenschaftlichen Daten mit zwei Rundfunkständern erfolgen wird«.

Experten der Raumfahrt trafen sich zu zahlreichen Tagungen. Ein solches Symposium war auch Thema eines Textes, den Horst Gill zu sprechen hatte. Das Wort Symposium stammt aus der griechischen Sprache und bedeutet so viel wie wissenschaftliche Tagung. Es war im alten Griechenland aber auch im Gebrauch, wenn es um ein Trinkgelage ging. So, wie Horst das Wort aussprach, kam es dieser Deutung näher als der ersteren: »Pymsosion.«

Bei den ständigen kosmischen Turbulenzen – heute schossen die Sowjets eine Rakete in den Weltraum, morgen die Amerikaner; mal war in den Meldungen von Kosmonauten die Rede, dann von Astronauten – konnte es nur eine Frage der Zeit sein, dass vom »Abschiss« einer Rakete gesprochen wurde. Christoph Beyertt brachte sich damit als Erster ins Gerede. Es gab Nachahmer.

Als die Raumfahrt dann die olympische Maxime »höher und weiter« ins Auge fasste, ergaben sich mit »Mondlandenehmen« nicht nur für Regine Toelg neue Schwierigkeiten.

Sie standen zwar nicht direkt mit der Raumfahrt im Zusammenhang, angesichts der Fehlformulierungen der Sprecher hätten Hans-Jochen Rehaks beschwichtigende Worte aber durchaus eine Entwarnung bedeuten können: »Keine Angst zur Besorgnis.«

Schluss jetzt mit den linguistischen Raumfahrtexperimenten. Oder, wie **Albrecht Hassel** es auszudrücken pflegte, wir wollen »einen Schleier über die Vorhänge ziehen«! Der »Hammelflug« von Nikolai Rimskij-Korsakow gehört schon in den »musischkalischen« Bereich von Horst Gill.

Noch mehr Musik

Wenn ich mich jetzt erneut den Musikansagen zuwende, will ich versuchen, ein wenig zu katalogisieren. In früheren Zeiten hatten die Programmsprecher reichlich zu tun, was Musikansagen betraf. Nur wenige Musiksendungen eines Sendetages liefen nonstop. Und so erkannten Komponisten, soweit sie noch am Leben und ihnen die Ansagen zu Ohren gekommen waren, mitunter ihren eigenen Namen nicht. Orchester und Kompositionen erhielten neue, manchmal eigenartige Bezeichnungen. Kurz und gut, die Musikansagen boten genügend Gelegenheiten zum Straucheln und bieten mir die Möglichkeit, darüber zu tratschen.

Musiker sind mit einigen negativen Klischees behaftet. Erst konnten sie unter dem Slogan »Wein, Weib und

Gesang« zusammengefasst werden, dann hieß es »Sex, Drugs and Rock'n'Roll«. Da muss ich etwas einfügen, was ich zum letztgenannten Schlagwort im Internet gelesen habe. Es wurde die Frage aufgeworfen, wann aus Sex, Drugs und Rock'n'Roll eigentlich Laktoseintoleranz, Veganismus und Helene Fischer geworden seien?!

Durch die angebliche Trinkfestigkeit der Musikanten hätte sich Hildegard Basch nicht verführen lassen sollen, gleich ein gesamtes Orchester in Verruf zu bringen: »Das Schnapsmusikkorps des Ministeriums des Innern.«

Horst Gill ist auf den vergangenen Seiten schon zu einem guten Bekannten geworden, von dem gesagt werden kann, dass er seine Arbeit mit Lust und Liebe verrichtete. Warum aber griff er dann zum sprachlichen Skalpell und beschnitt einen Klangkörper? »Das Programm der heiteren Klassik beginnt mit Gliedern der Dresdner Staatskapelle.« Und weil er an dieser Stelle Einsparungen vornahm, die natürlich nicht ernst gemeint waren, verwandelte er solche an anderer Stelle in »Spaßmaßnahmen«.

In der Schule habe ich verschiedene Formen der grammatischen Vergangenheit lernen müssen. Präteritum hieß bei uns noch unvollendete Vergangenheit; Perfekt die vollendete Gegenwart, und das Plusquamperfekt ist mir noch geläufig als vollendete Vergangenheit. Die Vergangenheitsform, die von **Maren Donnerhack** ins Spiel gebracht wurde, ist mir aber unbekannt: »Es spieltete das Slowakische Kammer-Orchester.«

Auch schön: »Es grüßt Sie das Solisten-Ensemble des deutschen Landsenders!« Wollte **Günter Maaß** damit ausdrücken, dass der Deutschlandsender in Stadt und Land bekannt sei?

Schuster, bleib bei deinem Leisten, wird zu einem Menschen gesagt, der sein Metier verlässt, um Aufgaben zu übernehmen, die er nicht beherrscht. Sprecher nehmen darauf keine Rücksicht. Bei ihnen ist Vielseitigkeit gefragt. »David Oistrach mit dem Staatlichen Sinfonie-Orchester der UdSSR hörten Sie im Klavierkonzert von Dmitri Kabalewski.« So jedenfalls wollte es Hildegard Basch und versetzte die Welt in Erstaunen ob der Vielseitigkeit des Geigenvirtuosen Oistrach.

»Es klapperten die Klapperschlangen, bis ihre Klappern schlapper klangen« ist ein Schüttelreim. Demnach dürfte das »Quäser-Blindett« ein Schüttelwort sein – oder wenigstens ein Wort zum Kopfschütteln, das 1960 von **Peter Puder** in den Äther gesetzt wurde. Kurze Zeit später verließ er die DDR und war beim Westdeutschen Rundfunk und beim Deutschlandfunk beschäftigt.

Irmgard Düren, neben ihrer Rundfunkarbeit vor allem bekannt geworden durch ihre Fernsehsendung *Wünsch Dir was!*, die sie von 1960 bis 1975 gestaltete, gab den Hörern gemeinsam mit Thankmar Herzig eine Vorschau auf das Osterprogramm. Sie begann mit »Erich Donnerheck und seinem Unterhaltungsorchester« und brachte damit – der Mann heißt eigentlich Donnerhack – ihren Kollegen so durcheinander, dass er sich ebenfalls verhedderte: »Am zweiten Tanzfeiertag spielt das Osterorchester Kurt Henkels.« Schließlich gab er dann in dieser Programmvorschau noch einen Hinweis auf ein »Sandbankrennen«.

Ich möchte noch ein paar Sätze zu Irmgard Düren anmerken. Die genannte Sendung *Wünsch Dir was!* lief zu Beginn alle vier Wochen. Bald war sie alle 14 Tage zu sehen und schließlich jeden Sonntag um 16 Uhr. Irmgard machte durch ihre Beliebtheit bei den Zuschauern die Sendung zu einem Renner. Plötzlich war dann 1975 Schluss. Eine offizielle Verlautbarung gab es nicht, und so brodelte die Gerüchteküche. Sie mache eine

Entziehungskur, hieß es, oder sie sei bei einem Fluchtversuch geschnappt worden. Da sie aus ihrer Sympathie für Biermann kein Hehl gemacht hatte, wird sie eher zu jenem Personenkreis gehört haben, der im Fernsehen der DDR nicht mehr erwünscht war. Der Fernsehliebling ließ sich nicht unterkriegen und begann an der Humboldt-Universität ein Studium der Philosophie, das sie mit Diplom abschloss. Letztendlich arbeitete sie im Betriebsfunkstudio des Centrum-Warenhauses in Berlin am Alexanderplatz. 2004 verstarb Irmgard Düren. Der Titel ihrer Sendung ist heute zum geflügelten Wort geworden; wenn zum Beispiel jemand utopische Vorstellungen hat, darf er sich oft anhören: »Du bist doch hier nicht bei *Wünsch Dir was!*«

Wie das so ist bei beliebten und erfolgreichen Sendungen, über sie und die Interpreten kommen schnell Anekdoten und Witze in Umlauf, deren Wahrheitsgehalt nicht auf die Waagschale gelegt werden sollte – erzählenswert sind sie trotzdem.

Von 1964 bis 1973 moderierte der Dokumentarfilmer und Autor **Karl Gass** die Ratesendung *Sind Sie sicher?*. Der Anekdote zufolge hatte Gass für eine Sendung Prominente als Rateteam eingeladen, zu denen Irmgard Düren gehörte. Ein Themenkomplex beschäftigte sich mit wissenschaftlichen Untersuchungen zur Anatomie des männlichen Körpers; wie groß sind die Männer im Durchschnitt, welche Schuhgröße kommt am häufigsten vor, und schließlich die Frage an Irmgard Düren, wie groß im Durchschnitt das männliche Geschlechtsorgan sei? Als sie nach längerem Zögern die Antwort gibt – 30 Zentimeter –, soll Karl Gass gesagt haben: »Sie sind hier nicht bei *Wünsch Dir was!*, Frau Düren, Sie sind bei *Sind Sie sicher?*.«

Ich wollte eigentlich weg von den Musiker-Klischees, kann jedoch nicht verschweigen, was **Inge Blüthner** einem renommierten Klangkörper andichtete: »Es spielt Kurt Illing mit seinem Schwanzstreichorchester.«

Oder wie wäre es damit: »Volkstümliche Musik spielte Toni Wölscher mit seinen Rundschrankfummeln.« Bei Testlesungen wurde ich von jungen Zuhörern gefragt, wie dieser Versprecher aufzulösen sei. Sie konnten mit dem Begriff Schrammeln nichts anfangen. Es ist ja auch schon eine Weile her, dass die Schrammelmusik, benannt nach den Brüdern Schrammel, populäre Volksmusik wurde, nämlich Ende des 19. Jahrhunderts. Wiener Lieder wurden beim Heurigen gespielt und fanden ein begeistertes Publikum. Sogar bei Hofe wurde die Schrammelmusik salonfähig. Die typische Besetzung bei der Schrammelmusik sind zwei Geigen, Gitarre, Klarinette und die Knopfharmonika. Der Silbendreher der oben angeführten Ansagerin galt also den Rundfunkschrammeln.

Horst Gill befüllte einen Nikolausstiefel mit Noten und hatte »eine musikalische weihnachtliche Vorfreuden-Musik« im Angebot.

Die hätte ich nun eher Hermann Matt zugetraut. Der begnügte sich diesmal aber ganz seriös mit »Alfons Bauer und seinem Zither-Ensemble-Solisten-Orchester.«

Sehr ergiebig, was die Versprecher betrifft, sind die Musiktitel mit Ihren Interpreten.

Lothar Schumacher verbreitete ungewollt Gerüchte. »Vera Oelschlegel: *Wenn du schläfst, mein Kind* – mit dem Studio-Chor Berlin.«

Susanne Wikarski ließ in einem Orgelkonzert einen bekannten Virtuosen »an der Frauenkirche zu Leipzig« spielen. Als die Sprecherin die Arie der Mignon aus der gleichnamigen Oper anzukündigen hatte, tat sie das folgendermaßen: »Hören Sie nun die Arie der Mignon:

Kennst du das Lied?« Das war der Spezialistin für ernste und gehobene Musik furchtbar peinlich, da es hätte heißen müssen *Kennst du das Land, wo die Zitronen blühn?* Da war sie richtig sauer auf sich.

Die Opernarien haben es in sich. Das bekam auch Edith Balbach zu spüren: »*Wie lange willst du noch bei mir* ... Verzeihung. *Wie lange willst ... Wie lange weilst du noch bei mir?*«

Im schönen Wonnemonat Mai wurde auf dem Berliner Rundfunk eine Ausgabe der Sendung *Globetrotter mit Musik* wiederholt. Bei der Absage von **Heinz Bonacker** war zu erfahren, wann die Ursendung gelaufen war: »Ich wünsche Ihnen noch recht frohe Weihnachtsfeiertage und würde mich freuen, Sie im Januar wieder begrüßen zu können.« Nach Aussage von Heinz Bonacker sei auch seine Wortschöpfung »Singfonie« eine Wiederholung gewesen, die von einem Kollegen schon früher in Umlauf gebracht worden war. Trotzdem, gesagt ist gesagt, und überliefert ist sein Name.

Die Hörer quälten sich förmlich mit bei dieser Ansage von Horst Gill: »... brachten wir im Wochenendspurt nach nackt und ... nacht ... Takt und Noten ... ist das schwer!!!« Seine »Scheitschrift« war ebenfalls hörenswert.

»Es sangen Chris und Doerk« – woran dachte wohl Uda Echtner, als sie die Sendung *Rhythmus 70* mit diesen Worten absagte? Doch nicht etwa an das Hexeneinmaleins im *Faust*? »Du musst versteh'n! / aus Eins mach Zehn, / und Zwei lass geh'n, / Und Drei mach gleich, / so bist du reich!«

Alfred Knop vermittelte über Ludwig van Beethoven »einen biografischen Bericht aus der Sicht der Briefe und Konservationshefte«. Diese Konversation Alfreds konnte im *Schatzkästlein unfreiwilliger Komik* konserviert werden.

Wie auch die Erfindung eines neuen Tanzes durch Maren Störig. Der »Lipsi«, als Gegenstück zur kapitalistischen Gefahr »Twist« in die DDR-Welt gesetzt, war schon längst ausgetanzt, da meinte Maren, es müsse mal wieder etwas Neues aufs Parkett gebracht werden, und erfand den »Polka-Volkstrott«.

Helga Ernst überraschte die Hörer mit einem »Trompetensolo für vier Posaunen«.

Was war denn das für ein Blech, schrieben die Hörer in Briefen, die Ingeborg Olbricht aus der »Mostpappe« herausholte.

Jürgen Böhm musste Operettenmelodien ansagen. Im Musiklaufplan waren zwei Titel aufgeführt: *In Frisco ist der Teufel los* und *Wer braucht Geld*. Mit seiner sonoren Stimme verkündete er, dass Melodien aus zwei Operetten zu hören seien. Da blitzte plötzlich die Erinnerung bei ihm auf, dass *In Frisco ...* anfangs *Wer braucht Geld* hieß, es sich also nur um *eine* Operette handelte. So lautete die vollständige Ansage: »Wir bringen Operettenmelodien aus zwei Operetten ... nein, nur aus einer!«

Wer macht nach dem Mittagessen nicht gern ein kleines Nickerchen? Dazu muss man nicht unbedingt ins Bett gehen, auf der Couch oder im Sessel geht das auch, dazu im Radio leise ein Mittagskonzert hören und wie im Traum die Stimme der Programmsprecherin vernehmen: »Hören Sie nun *Variantlungen eines Bel Ami ...* Variationen nach Theo Mackeben.« Doch der Traum war Wirklichkeit. Uda Echtner hatte die Verwandlungen ein wenig variiert.

Der Name des Komponisten Theo Mackeben wurde ebenfalls einmal Opfer einer Verwandlung, schlimmer, einer Verschandelung. Bei Peter Bosse hieß der Mann »Theo Macke-been«. Und die Operette *Gasparone* von Carl Millöcker gibt es nicht nur als Kalauer, sondern auch in einer Ansage von **Wolfgang Janowitz** als »Gas-Patrone«.

Ich kann Isolde Thümmlers Wunsch nicht erfüllen – »und damit klang unsere klingende Kurzweil zu Ende« –, denn es gibt noch so viele erwähnenswerte Sprachkapriolen, um die es schade wäre, wenn sie in der Versenkung verschwinden würden.

Zum Beispiel, wie Hans-Jochen Rehak die Sonate *Es-Dur für Klavier* ankündigte: »Es spielt das Streichquartett C-Dur.«

Es geht weiter mit einem »musischen Allerlei« frei nach Hannelore Wüst.

Ein »Mundharmonika-Sprecher« ging **Beate Riemann** spielend über die Lippen.

Vor allem den Komponisten wurde übel mitgespielt. Herbert Guthke berichtete über den DEFA-Dokumentarfilm *Das Lied der Ströme* von Joris Ivens aus dem Jahr 1954. Mitwirkende waren Paul Robeson und Ernst Busch. Den Text schrieb Bertolt Brecht. Die Musik komponierte Dmitri Schostakowitsch und nicht, wie Herbert zum Besten gab, »Dmitri Schostajewski«.

Ein besonders in Frankreich verbreitetes Musikgenre glaubte Annerose Braumann, ein »Schang-Schong« nennen zu müssen, und Ruth Paech überraschte mit einer »Komposition für Polka und Klarinette«.

Sigrid Pietsch lag bei ihrer Ansage ein Werturteil eigentlich fern: »Hans-Hendrik Wehding spinnt auf der Hammond-Orgel.«

Lothar Schumacher brachte die Reihenfolge der Buchstaben arg durcheinander, als ihm die »Serenade der Gassbeige« entfleuchte. Also jetzt noch einmal in aller Ruhe: *Serenade der Bassgeige!*

Hans Hildebrandt wäre mit dem folgenden Versprecher wohl nie aufgeflogen, hätte nicht der Aufnahmeleiter gepetzt, denn die »Chlorknaben« bereiteten Hänschen bei einer Bandaufnahme Schwierigkeiten. In Originalsendungen ließ er sich aber auch nicht lumpen, und so »sinfonierte« bei ihm ein Orchester.

Hildegard Basch gab Rätsel auf: »Unsere nächste Melodie, die Horst Reipsch komponierte, wurde von Julia Axen vorgetragen.« Ja, watt nu, singt se noch oder hatt se schon?

»Soweit unser Durchweis«, lautete eine »Hinsage« von Hella Lehn.

Hertha Howaldt kündigte den Hörern »Musik von Komponisten aus allen Wäldern« an. Die Holzhackerbuam waren nicht dabei.

Jetzt ein Name, der eine Rarität in diesem Buch darstellt: **Eva Wiemann**. Sie wurde ertappt bei einer »lyrischen Schwiet«, und als sie die Wiener Philharmoniker als einen »erstklangigen Klangkörper« vorstellte. Unbestätigt sind Gerüchte, dass sie den *Freischütz* »Carl Maria Felix Mendelssohn Bartholdy« angedichtet hat.

Eva Wiemann war vom Mitteldeutschen Rundfunk nach Berlin zum Deutschlandsender gewechselt. Sie kam stets mit einer großen Reisetasche zum Dienst. Da wir oft gemeinsam von der S-Bahn-Station Baumschulenweg zur Fähre gingen, nahm ich ihr die Tasche ab und glaubte jedes Mal, sie wolle umziehen, so schwer war das Behältnis. Eva genoss Ansehen und Respekt. In ihrer Gegenwart wagte keiner, flapsige oder gar zotige Bemerkungen von sich zu geben.

Es gab einige Menschen im Funkhaus, denen gegenüber wir jungen, selbstbewussten Journalisten sehr bescheiden auftraten. Zu ihnen gehörte der militärpolitische Kommentator **Dr. Egbert von Frankenberg und Proschlitz**, obwohl seine Vergangenheit nicht in jedem Fall Anlass zum Jubel gab.

Er war Angehöriger der Legion Condor im Spanischen Bürgerkrieg gewesen und hatte auf Seiten der Faschisten gekämpft. Als Kommodore des Jagdgeschwaders Edelweiß flog er im Zweiten Weltkrieg Kampfeinsätze gegen die Sowjetunion und geriet beim Rückflug von solch einem Einsatz in russische Gefangenschaft. Von Frankenberg gehörte zum Nationalkomitee Freies Deutschland und war Mitunterzeichner des *Aufrufs an die deutschen Generale und Offiziere! An Volk und Wehrmacht*. Darin richtete das NKFD an die noch in der Wehrmacht verbliebenen Generale und Offiziere unter anderem den Appell, sich von Hitler zu trennen und seine Befehle nicht mehr zu befolgen.

Von Frankenberg gehörte in der DDR der NDPD in mehreren Funktionen an und war der erste Präsident des Automobilclubs der DDR.

Eines Mittags saßen wir in der Kantine des Funkhauses, waren mit dem Essen fast fertig, als von Frankenberg an unseren Tisch trat und fragte, ob er auf dem noch freien Stuhl Platz nehmen dürfe. Wir bejahten und setzten unsere Gespräche fort, während von Frankenberg sein Mittagessen zu sich nahm. Ich weiß nicht mehr, wer es war, der Zigaretten aus der Tasche zog und von Frankenberg höflich fragte: »Entschuldigen Sie, Kollege von Frankenberg, stört es Sie, wenn wir rauchen?« Der Angesprochene sah uns an und sagte ganz gelassen und vornehm: »Das weiß ich nicht. Das ist mir noch nie passiert!«

Das war deutlich und saß!

Weniger deutlich war das, was Marianne Haude auf dem Sender von sich gab: »Und damit geht unser Munterkunt zur Morgenstund zu Ende.«

Bei dieser Verlautbarung befand sich Marianne etwa drei Stunden im Dienst. Was wäre wohl aus ihrem Munde gekommen, wenn sie 198 Stunden vor dem Mikrofon gesessen hätte? Das war 2014 nämlich der neue Weltrekord, den ein niederländischer DJ aufstellte. In dieser Zeit hatte er fast ununterbrochen moderiert und Musik aufgelegt.

Zurück zu den Nachrichten

Zur Abwechslung wende ich mich nun einigem Kunterbunt in den Nachrichtenstudios zu.

Die Nachrichtensprecher zählen, wie schon erwähnt, zu den nervenstärksten der Sprecherzunft. Wenn ich das so behaupte, stütze ich mich auf Erfahrungen aus der Zeit von 1957 bis 1989 im Hörfunk und Fernsehen. Fehlerfrei sind sie deswegen noch lange nicht.

Gerhard Klähn hatte gerade seinen Wechsel vom Rundfunk zur *Aktuellen Kamera* vollzogen, als er, wahrscheinlich noch im Hochgenuss des Vertragsschlusses, zu Höhenflügen ansetzte und in einer Meldung die Parteispitze als »Pilotbüro der SED« apostrophierte.

Klähn zählte wirklich zu den textsichersten und nervenstärksten Nachrichtensprechern. Das wird in der folgenden Anekdote deutlich.

Während er im Rundfunk Nachrichten sprach, sollen sich Kollegen mit einer Wasserschüssel ins Studio geschlichen, ihm Schuhe und Strümpfe ausgezogen und die Füße in das eiskalte Wasser gestellt haben. Klähn las ungerührt weiter.

Ob sein Kollege Joachim Trotz an dieser Aktion beteiligt war, entzieht sich meiner Kenntnis. Trotz und Klähn hatten jedenfalls eines Tages zusammen Dienst. Joachim als Programm-, Gerhard als Nachrichtensprecher. Zu den Aufgaben der Nachrichtensprecher gehörte damals das

Verlesen des Leitartikels der Zeitung *Neues Deutschland*. Die Ansage dazu war Sache des Programmsprechers. Joachim Trotz vermutete nichts Böses, als Gerhard Klähn ihm mitteilte, dass im Nachrichtenstudio etwas nicht in Ordnung sei und er deshalb den Leitartikel aus dem Programmstudio verlesen müsse. Pünktlich um 6 Uhr bekam Programmsprecher Joachim das Rotlicht für seine Ansage: »Wir verlesen Ihnen jetzt den heutigen Leitartikel des Zentralorgans des Zentralkomitees der Sozialistischen Einheitspartei Deutschlands *Neues Deutschland*.«

Das Rotlicht leuchtete weiter, und der neben Joachim sitzende Gerhard begann: »Meine Damen und Herren! Wir können Ihnen den heutigen Leitartikel leider nicht verlesen, da durch den plötzlichen Kälteeinbruch unser Nachrichtensprecher mit dem Arsch am Klo angefroren ist!«

Das dauerte nur wenige Sekunden. Diese genügten, um in Joachims Gesicht Erstaunen, Entsetzen und Hilflosigkeit aufblitzen zu lassen. Bis sein Blick nach draußen in den Technikraum ging, wo sich die Eingeweihten vor Lachen bogen. Da dämmerte ihm, dass er von Gerhard und der gesamten Mannschaft des Frühdienstes ganz schön verladen worden war. Den Leitartikel hatte Klähn aufgenommen, er lief während seiner »eiskalten« Bemerkungen vom Band.

Joachim Trotz hatte sich davon wohl noch nicht wieder erholt, als ihm eine Meldung über die bevorstehende Sommer-Reise-Saison auf den Tisch flatterte. Er meinte, dass viele tausend »Arbeits- und Urlaubsplätze zur Verfügung stehen«.

Es kann vorkommen, dass dem Nachrichtensprecher die bereits an anderer Stelle erwähnten Primavista-Meldungen ins Studio gereicht werden. Während im Rundfunk der Hörer davon nichts mitbekommt, wird der

Zuschauer im Fernsehen Augenzeuge dieses Vorganges und erwartet eine sensationelle Neuigkeit. Ich erinnere mich, dass wir bei der *Aktuellen Kamera* diese Zeremonie mitunter durchführten, um Meldungen ein bisschen aufzupeppen. Diese Albernheit wurde sofort beendet, als einmal eine Nachricht ins Studio gereicht wurde, die schon in der Zeitung nachzulesen war. Kein Wunder, dass Witze zu den Überraschungsmeldungen kursierten. Zum Beispiel dieser:

Einem Fernsehsprecher wird ein Zettel gereicht. Er sagt: »Soeben erreicht uns die Meldung«, und liest vor: »Sie haben Spinat zwischen den Zähnen!«

Das könnte zu dem Slogan führen: Vor dem Sprechen, nach dem Essen – Zähneputzen nicht vergessen!

Auch andere private und häusliche Dinge können Eingang in Meldungen finden. Peter Müller-Brandt war glücklich darüber, endlich seine AWG-Wohnung (Arbeiter-Wohnungsbau-Genossenschaft) beziehen zu können, und ließ dieses Ereignis in die Nachricht einfließen:

»Einige britische Unterhaus-Abgeordnete haben sich strikt geweigert, Mitglied der AWG zu werden.« Er klärte aber die Hörer noch auf, dass die EWG gemeint war.

Bei keinem Vertreter unserer Zunft lagen die Nerven so blank wie bei **Joachim Nitzschke**: »Der Kreßberger Kreuzbürgermeister Kreuzmann« – was ins Reine übersetzt heißt: der Kreuzberger Bürgermeister Kreßmann – ist ein Beweis dafür, wie sich Joachim eigene Zungenbrecher schuf. Als er in den Nachrichten vom »Bekleidungsabbau der Belegschaft« sprach, musste er so darüber lachen, dass die ganze restliche Sendung darunter litt. Die Chefs jedoch konnten nicht darüber lachen. Und als er dann beim Wintersportwetterbericht »Aschberg: 5 cm Pulverschnee« in das erste Wort nach dem A ein »r« einfügte, verzichtete der Sender lieber auf weitere Eskapaden von ihm. Deshalb wird auf den folgenden Seiten auch nicht mehr zu lesen sein, wie er sich bei Ansagen oder Nachrichten noch verhaspelte.

Verhaspeln – woher kommt dieses Wort? Ursprünglich vom Spinnen und Weben. Durch eine Haspel wird nämlich das Garn auf eine Walze gerollt. Wenn man nicht aufpasst, wickelt sich der Faden um die Achse, und es entsteht ein riesiges Durcheinander, weil der Faden verloren ging. Auch bei einem Versprecher verliert der Redner den Faden, verhaspelt sich also.

Von der Rolle schien auch Claus Britze gewesen zu sein, als er von »dem Neuen Ökonomischen System der Lanung und Pleitung« sprach.

Was die Verschiebung eines Lautes für Folgen haben kann, bewies auch **Walter Schlicker**, als er die Presseschau zu verlesen hatte, die mit dem Leitartikel des *Neuen Deutschland* begann. »Er ist übertrieben ... Verzeihung: überschrieben ...!«

Ich verzichte gern auf eine nochmalige Erklärung, worum es sich beim *Neuen Deutschland* handelt. Der DDR-Hörer und -Zuschauer musste es hingegen über sich ergehen lassen, in jeder Nachrichtensendung mehrmals erklärt zu bekommen, um wen es sich zum Beispiel bei Erich Honecker handelt; um den Generalsekretär des Zentralkomitees der Sozialistischen Einheitspartei Deutschlands und Vorsitzenden des Staatsrates der Deutschen Demokratischen Republik. War er militärisch auf dem roten Teppich unterwegs, gesellte sich noch der Vorsitzende des Nationalen Verteidigungsrates hinzu. Gab es mehrere Meldungen über den Tagesablauf Honeckers, wurden eben diese Titel immer wieder gebetsmühlenartig genannt.

Diese ständige Redundanz sorgte für eine gewisse Eintönigkeit im Nachrichtenstil, der den Redakteur doch eigentlich zur Suche nach Synonymen, also sinnverwandten Wörtern, herausfordern soll. Ein sinnverwandtes Wort entsteht jedoch nicht, wenn **Helmut Fischer** aus Panorama »Panaroma« macht.

Ein anderes Wort für »aufmerksam« kann »hellhörig« sein. Und das wurden die Hörer, als sie Peter Müller-Brandt lauschten: »Wir bitten nun um unsere Aufmerksamkeit für die Presseschau.«

»Streikkrämpfe« und »Straßenkrämpfe« sind gleich mehreren Sprechern zuzuordnen, sodass ich auf Namensnennungen verzichte. Auch eine Erklärung ist überflüssig. Bei den »Phenolin-Sektionen« à la Christoph Beyertt bedarf es schon einer Erläuterung. Verschieben wir den Bindestrich um zwei Buchstaben nach links, erhalten wir Phenol-Injektionen.

Wissen Sie noch, verehrte Leser, was ein Aküfi ist? Davon sind wir heute genauso betroffen wie vor vierzig oder fünfzig Jahren. Es ist der Abkürzungsfimmel! Ihn trifft die Schuld und nicht die Sprecherin Käthe Foegen, die aus SR Rumänien eine »Sowjet-Republik Rumänien« machte, aber sofort in Sozialistische Republik Rumänien korrigierte. Solche Versprecher sind peinlich, weil sie ungewollt nahe bei der Wahrheit liegen.

Beim folgenden Lapsus stoßen wir wieder einmal auf eine Kategorie, bei der sich der Sprecher in Hundertstelsekunden entscheiden muss, ob er den Versprecher korrigiert oder es dadurch noch schlimmer machen würde: »Die Toten wurden geborgen, und die Verwunderten ins Lazarett gebracht.«

Nicht wundern, wenn ich das Jahr erwähne, in dem **Gerd Dehmel** möglicherweise eine Schrecksekunde erlebte. Es war 1969, und in der Meldung ging es um den Kriegsschauplatz in Nahost. Diese Zeilen schreibe ich im

Jahre 2015. Die Welt hat es bis heute nicht vermocht, Frieden in dieser Region zu schaffen. Im Gegenteil, sie sorgt für immer neue Kriegs- und Krisenherde.

1949 habe ich als Sprecherkind ein Gedicht von Ernst Fischer vorgetragen, einem österreichischen Schriftsteller. Darin heißt es: »Der Blitz schlägt ein und der Regen fällt / und der Wind hat die Wolke gebracht / doch den Krieg trägt nicht der Wind in die Welt / den Krieg haben Menschen gemacht.«

Warum stehen solche Gedichte nicht mehr in Schulbüchern? Interessant ist übrigens, dass damals in der Berichterstattung über den Nahost-Krieg im Rundfunk der DDR von einer Aggression Israels gesprochen wurde. Das erkenne ich aus der Nachricht, in der Sonja Haacker aus den »von den Israelis zerstörten Ortschaften und Städten« eine »Ortsstadt« machte.

Im Jahre 1970 trafen sich in Erfurt die Ministerpräsidenten beider deutscher Staaten, Willi Stoph und Willy Brandt. Gut, der eine nannte sich Vorsitzender des Ministerrates, der andere Bundeskanzler. Hans-Georg Knörich hatte als Nachrichtensprecher ständig mit der Nennung beider Personen zu tun. So hörte man von ihm eines Tages: »Der Vorsitzende des Ministerrates, Willy Brandt ...«

Eine Umbenennung nahm auch Sonja Haacker vor: »Walter Stoph«.

Mehr Versprecher in Kurzfassung:

Claus Britze spricht von »angeräuchertem Uran«.

Peter Salchow versprach in einer Reportage auf dem Berliner Rundfunk: »Zu Ehren Lenins werden wir unsere Arbeitsproduktivität erhören.«

Dass Albrecht Hassel Nachrichten sprechen musste, kam selten vor. Verewigt hat er sich in dieser Rubrik trotzdem, als eines Tages bei ihm »ein Dreißigjähriger vom Gericht stürzte«.

Gerd Dehmel: »Die amerikanische Nationalgarde ging mit aufgepflanzten Barionetten gegen die Demonstranten vor.«

»Unkraut- und Säuglings-Bekämpfungsmittel« brachte **Franz Müller** in Umlauf, während Horst Link zu »neien Leustungen« aufrief. Dieser Appell war bestimmt auch an die »Transistoren-Prozudenten« von Regine Toelg gerichtet, die sich mit dem »Assuan-Stamm-Dau« und »der Festsetzung der Goethe-Gesellschaft« weitere Einträge in den Versprecher-Annalen sicherte.

Von allen Göttern verlassen schien Claus Britze, als er aus dem Moskauer Patriarchat ein »Moskauer Parteiaktiv« machte.

Gerd Dehmel lieferte nach Vietnam »Rückensprühgeräte, mit denen die Reise-Erträge gesteigert werden können«.

Bei Peter Müller-Brandt können sich unsere alten Germanen ganz schnell in »Gendarmen« verwandeln.

Ein profaner Schreibfehler soll der Grund dafür sein, dass **Wilfried Braumann** während seiner Tätigkeit bei Radio Moskau den »Presslustbohrer« in die Welt trug.

Nicht unerwähnt soll bleiben, dass Heinz Stamm Freiheitskämpfer in »keftige Hämpfe« verwickelte.

Johanna Völkel war völlig ausgepumpt, als sie »das Industrie-Kombinat Schwarze Punkte« über die Lippen brachte.

Wenn diese Kurzfassung Kurznachrichten gewesen wären, würde jetzt der abschließende Wetterbericht folgen. Wenn aber diese Kurznachrichten Rolf Ripperger gelesen hätte, kämen nach den Nachrichten »zum Abschluss die Nachrichten«.

Eine andere Version der Nachrichtenabsage macht deutlich, wie zurückhaltend Sonja Haacker mit der Nennung ihres Namens war: »Sie hörten Nachrichten, gesprochen vom Deutschlandsender.« Auch das stammt von ihr: »Sie hören Nachtrichten im Nachtlandsender Nachtprogramm.« Eigentlich wollte sie sagen, dass Nachrichten im Deutschlandsender-Nachtprogramm folgen.

»An die Witwe Gamal Abdel Nassers richteten Walter und Ulbricht und Lotte Ulbricht ein Telegramm.« Das stammt von Peter und Müller und Brandt.

Werden Nachrichten von einst mit ihren Versprechern in die heutige Zeit transportiert, scheinen sie nicht mehr so absurd zu sein wie damals. Heute kennen wir die Ausstellung *Körperwelten,* wo menschliche Körper durch Plastination konserviert und zu Ausstellungsstücken werden. Wäre da Gerd Dehmel mit seiner Äußerung, dass »de Gaulle aufbewahrt wurde«, überhaupt aufgefallen?

Gerhard Schramm holte sich eine Schramme bei der »afrischenkanischen Einheit«. Im weiteren Verlauf können wir uns auf weitere »Schrammeln« freuen.

Zunächst ist aber erst einmal Alfred Knop an der Reihe, der aus einer Autonomie eine »Anatomie« machte. Zeit seines Lebens bestritt Alfred einen Versprecher, den ich selbst gehört habe. Er meinte, wenn er das gesagt hätte, wäre er vor Lachen nicht bis zum Ende der Sendung gekommen.

Ich möchte aber daran erinnern, dass es Momente gibt, in denen man nicht genau rekonstruieren kann, was man gesagt hat. Und so wird es wohl auch bei Alfred gewesen sein, als er von Rudermeisterschaften berichtete und davon, dass »im Eimer Achim Hill von Motor Baumschulenweg als Erster durchs Ziel fuhr«.

Was Gisela Kleinert vorschwebte, ist bis heute Utopie, nämlich dass die Vereinten Nationen eine Organisation aller Völker seien. Deshalb ist die »Volksversammlung der Vereinten Nationen« gut gemeint, dennoch ein falscher Zungenschlag.

Christoph Beyertt war wohl der Meinung, dass der Politik mehr Menschlichkeit und Liebe gut zu Gesicht stünden. So kam der Satz zustande: »Die Wahlen in Indien sollen nach den Worten von Premierministerin Indira Ghandi den Reformkuss bestätigen.«

Eine neue Form der Beziehungen zwischen beiden deutschen Staaten schlug Johanna Völkel vor: »Die Bewässerung der Beziehungen zwischen der DDR und der BRD.«

Die Sammlung von Versprechern nannte Helmut Pietsch wie gesagt *Schatzkästlein unfreiwilliger Komik am Mikrofon*. Hier will ich schnell einfügen, dass Lothar Schumacher eine Sendung mit ähnlichem Titel als »Schatzkätzlein« bezeichnete.

Einer der vielen unfreiwilligen Komiker war Horst Link. In den Nachrichten wurde der gerade begonnene Parteitag der KPdSU ausführlich gewürdigt. Auszüge aus der Rede Leonid Breshnews gelangten frisch aus dem Fernschreiber auf den Sprechertisch, mit allen Tippfehlern, Berichtigungen (rpt) und natürlich nur Kleinbuchstaben. Als von den fünf Kernwaffen besitzenden Staaten die Rede war, stand im Fernschreiben: »sowjetunion, usa, england, frankreich, vch rpt vrch.« Bei Horst hörte sich das dann so an: »Sowjetunion, USA, England, Frankreich, fffichchreptfirsch.« Wer vermutete hinter dem Gezische schon die Volksrepublik China? Zunächst abgekürzt mit »vch«, dann wiederholt, repetiert, deshalb »rpt«, mit »vrch«.

Wie oft äußern wir die Meinung, dass dieses oder jenes nicht möglich, nicht zu schaffen sei. Da haben wir aber die Rechnung ohne den Wirt – sprich Reporter und Sprecher – gemacht. Der liebe Gott soll die Welt ja in einer Woche erschaffen haben. **Heiner Naske** muss sich ebenfalls wie ein kleiner Gott vorgekommen sein, denn er überraschte damit, dass »Halle-Neustadt in wenigen Tagen entstanden« sei.

An einem Vorabend des 1. Mai wollte die Leitung des Mansfeld-Kombinates eine Brigade direkt vor Ort auszeichnen und begab sich unter Tage. **Jürgen Huhn** befand sich ebenfalls dort und schilderte den Vorgang nicht nur original, sondern durchaus originell: »Und nun kommt die Parteileitung angekrochen.«

Als die DDR einen Antrag stellte zur Aufnahme in die Weltgesundheitsorganisation, vermeldete Peter Müller-Brandt, dass sich »viele Medizyniker dafür ausgesprochen hätten«.

Wie schwer es die Kirchenoberen in der DDR hatten, war kein Geheimnis. Sogar im Rundfunk war davon die Rede. Jedenfalls in den Nachrichten von Jürgen Böhm: »Der Staatssekretär für Kirchenfragen, Hans Seigewasser, traf sich mit den Bezirks-Opfer-Pfarrern zu einem Gespräch.« So schnell wurden die Ober-Pfarrer geopfert.

Als Uda Echtner eine UPI-Meldung zitierte, sprach sie fast schon jubilierend von einer »Ju-Pi-Mai-Meldung«.

In einer Meldung wimmelte es nur so von den Begriffen Volkskammer und Volksvertreter. So glaubten aufmerksame Zuhörer, von Claus Britze die Formulierung »Volksverkramer« gehört zu haben. Des Weiteren hatte er einmal etwas über ein Autoren-Kollektiv zu vermelden, als seine Affinität zum Sport ihn zu einem »Auto-Renn-Kollektiv« verleitete.

Heute könnte die Antwort auf die Frage, was »Würzbürger« seien, lauten: Teilnehmer an einer Kochsendung im Fernsehen. Gerd Dehmel meinte damit einstmals die Einwohner von Würzburg.

Unter Sprachstörungen litt wieder einmal Gerhard Schramm, als er eine leitende Gruppe in eine »leidende« verwandelte. Auch die »Nationalversemmelung« geht auf sein Versprecherkonto. Das füllte er auch mit dem Satz: »Ghana wird in Leipzig Kakao-Sorten ausstellen und die Besucher über dessen Puffbereitung informieren.« Mit der Formulierung »In einem dem ND gewährleisteten Interview« übernahm Gerhard keine Gewähr für den Inhalt dieser Nachricht.

Gerhard war vom Zugfunk der Deutschen Reichsbahn zum Rundfunk gewechselt und mit der Bahn schon ganz schön im Lande herumgekommen. Deshalb wusste er als Einziger, wo die »Mittelmeergebirgsränder« liegen. Von den Vorgesetzten gab es danach keine »Schimpfkananode«, die kam Gerhard selbst über die Zunge.

Gerhard Schramm gehört zu jenen Kollegen, deren Versprecher ich zu einem üppigen Strauß zusammenschnüren kann. Er erfand den »Eisfresser« gegen zugefrorene Flüsse. »Die Frau des amerikanischen Negersenders Paul Robeson« lag auch nicht auf der richtigen Sprachfrequenz. Dann trat Gerhard für die »Verbesserung der Beziehungen zwischen beiden deutschen Ländern« ein. Was soll an dem Satz falsch sein? Nun, es handelte sich in Wirklichkeit um die Beziehungen zwischen der DDR und der Vereinigten Arabischen Republik.

1959 fand in Genf eine Konferenz der Außenminister der vier Großmächte Sowjetunion, USA, England und Frankreich zur Deutschlandfrage statt. DDR und BRD waren als Beobachter eingeladen. Das veranlasste Gerhard Schramm zu der Aufforderung: »Die Bundesrepublik und die DDR sollten in Genf gemeine Vorschläge unterbreiten.« Daraus wurde jedoch nichts. Ob das am »Bonner Störkuss« lag, der von einem bis heute unbekannt gebliebenen Sprecher in die Welt gesetzt wurde, kann nur vermutet werden.

Ebenfalls im Oktober des Jahres 1959 wurde in die Staatsflagge der DDR das Emblem mit Hammer und Zirkel im Ährenkranz eingefügt. Gerhard Schramm sprach einmal von einem »Ensemble in der Flagge«, ein anderes Mal von »Hammer und Zirkel im Ährenkreuz«. An dieser Stelle sei kurz eingefügt, dass auch andere Kollegen ihre Schwierigkeiten mit dem neuen Emblem hatten. »Zirkel und Hammel im Ährenkranz« ist die Version von Hans-Dieter Lange.

Und nun darf geraten werden, wen Gerhard Schramm gemeint hat: »der bekannte Ratenspezialist ...« Nee, Jauch stimmt nicht. Der war zur damaligen Zeit noch gar nicht »in«. Es handelte sich um den Raketenspezialisten Wernher von Braun. Und das »Polarschiff O-b« ist nach dem sibirischen Fluss Ob und nicht nach einem OB, einem Oberbürgermeister, benannt. »Unsere nächsten Nachrichten finden um 17 Uhr statt«, sagte er und verlas noch schnell den Wetterbericht, in dem er uns für den Herbst mit »schweren Herzstürmen« überraschte. Jetzt lasse ich Gerhard in Ruhe. Nur noch kurz eine Zeitansage: »Es ist 17 Uhr fünf sechs Minuten.«

»Aus Sprag brach zu Ihnen Ursula Enderle«, führte möglicherweise bei Lothar Wolf zu Magenbeschwerden. Er widmet sich heute unter anderem Kabarett- und Kästner-Programmen.

Noch heute wird nach dem von **Walter Richter-Reinick** erwähnten »Flegelsuchplatz« gefahndet. Ebenso nach der »Panakamalzone« von Olf Hauschild.

Peter Bosse schilderte einmal als Berliner Stadtreporter eine Fahrt mit der S-Bahn: »Nachdem ich meine Fahrkarte geölt hatte ...« Keene Angst, danach lief allet wie jeschmiert.

Was findet sich denn über den Autor dieses Buches, Klaus Feldmann, im *Schatzkästlein unfreiwilliger Komik*? Einiges war ja schon zu lesen. Das kann doch nicht alles gewesen sein! Nein, ist es auch nicht.

»Luis Carlos Prestes beabsichtigte das Kombinat Schwarze Pumpe.«

»Wir wollen uns einen Überblick überschaffen.«

Ja, ja, irgendwo hat jeder seine Schaffensgrenze. Eine weitere sprecherische Unklarheit tauchte im Wetterbericht auf: »Tiefste Nachttemperatur vielfach klarer.« Auch nicht ganz klar waren die »Kokos-Batterien«. Hätte ich doch da an das alte Lied gedacht: *Mutter, der Mann mit dem Koks ist da*!

Ist in einer Nachricht vom Sparen die Rede, heißt das nicht, dass der Sprecher gleich Silben einsparen muss. »Eine weitere Erhöhung der Preise wurde von der französischen Regierung vorgesagt.«

Die Versprecher-Stolpersteine liegen überall. Sogar auf den Feldern einer Landwirtschaftlichen Produktionsgenossenschaft: »Im Kreis Cottbus behinderten die Traktoristen der MTS bisher über 400 Hektar Roggen.« Sie binderten natürlich, die Kollegen der Maschinen-Traktoren-Station, um die Abkürzung MTS für jüngere Leser gleich zu erklären.

Ja, ich habe einmal ein Fachblatt als »Flachblatt« bezeichnet, damit jedoch nicht das Niveau der Zeitschrift gemeint.

Ein sprecherischer Aprilscherz, in der Tat, genau an einem 1.4., waren meine »Fußtritte und Fausttritte«.

Inzwischen habe ich mich von diesem Hieb erholt und kann mich meinem Kollegen Sergio Günther zuwenden.

Wir waren die Eleven beim Deutschlandsender und beide unter den Fittichen von Helmut Pietsch. Der notierte uns in seinen Aufzeichnungen unter der Rubrik *Neue Varianten beim Wetterbericht*.

Neuerer-Vorschläge wurden in den Betrieben gern gesehen. Der Rundfunk jedoch lehnte meine Neuerung von »ablaufenden Winden« in einem Wetterbericht strikt ab.

Auch Sergio Günther versetzte alle mit seinem Wetterbericht in Erstaunen. »Ein Tiefausläufer wäscht sich langsam ab.«

Sergio kam vom Erich-Weinert-Ensemble der Nationalen Volksarmee. Seine Bass-Stimme lieh er nicht nur den Nachrichten, sondern setzte sie auch für Schlagerproduktionen ein, zum Beispiel *Mitternachtstango, Denn wenn der Mond scheint* oder *Sierra maestra*. Zusammen mit Helga Hahnemann, Ingeburg Krabbe und Ingeborg Nass gehörte er zum Team des Fernseh-Kabaretts *Tele-BZ*. Durch ihn lernte ich in der Sporthalle in der Stalinallee, dem Zentralen Klub der Jugend und Sportler, Perry Friedman und dessen Hootenannys kennen. Der kanadische Folksänger war 1959 in die DDR übergesiedelt. Die Hootenannys waren gewissermaßen die Vorstufe der späteren Singebewegung. Auf den Treffen in der Sporthalle – heute würde man vielleicht Workshops dazu sagen – konnten wir jungen Leute uns ausprobieren, ältere Mitstreiter halfen uns. Gisela Steineckert gehörte dazu; Lin Jaldati lernte ich kennen, die niederländische Künstlerin, die uns von Anne Frank erzählte, der sie in den Konzentrationslagern Auschwitz und Bergen-Belsen begegnet war. Von Lin Jaldati hörte ich das erste Mal jiddische Lieder.

Zum Klub gehörte auch das Haus der jungen Talente in der Klosterstraße. Hier war an manchen Tagen in der hauseigenen Kneipe zu vorgerückter Stunde Manfred Krug zu erleben, wie er seinen spontanen Gesang mit dem Banjo begleitete.

Möglicherweise hätte ich diese Erlebnisse und manche Erkenntnisse nicht gehabt, wäre meine Meinungsbildung theoretischer verlaufen, hätte Sergio nicht nachgeholfen und mich in die Praxis gedrängt. Zu seinem 50. Geburtstag besuchte ich ihn in seiner Wohnung am Leninplatz. Da hatte der Krebs schon unheilbar seinen Kehlkopf befallen. Noch heute ist mir in Erinnerung, mit welcher Energie und welchem Lebensmut er trotzdem von neuen Plänen und Aufgaben sprach. Mit diesen Hoffnungen ging er von uns.

Nachrichtensprechen war sicherlich nicht sein Traumberuf. Seine Vielseitigkeit zeigte er in Fernsehsendungen wie *Berlin Original* oder *Dreimal darfst Du raten* und natürlich der *Tele-BZ*.

Hier nun einige Kostproben aus seiner Hinterlassenschaft im *Schatzkästlein unfreiwilliger Komik*.

Zur Leipziger Messe präsentierte er den Hörern seiner Nachrichten die »verschiedensten Exponanten«.

Dann teilte er noch mit: »700 Gäste nahmen an einem Fressempfang teil«, den Wirtschaftsminister Heinrich Rau in Leipzig gab.

Eine andere Neuigkeit von der Leipziger Messe war, dass sich die »Strandfläche« wiederum vergrößert hätte.

Mit Leipzig muss Sergio irgendwie auf Kriegsfuß gestanden haben, denn er kündigte kurzerhand »den Kommentar von Karl-Eduard von Leipzig« an.

Laut einer Prognose von Sergio Günther »wird die Zahl der Verbrechen in den USA die Drei-Millionen-Tonnen-Grenze überschreiten«.

Die feine englische Art war es nicht, als er bei einem Streik den Engländern unterstellte: »Vor den Werktoren waren britische Soldaten protestiert.«

Er tat auch der Kirche Unrecht mit dem Satz: »Der Geistliche nannte den Antisemitismus ein Versprechen gegen die Menschlichkeit.«

Eines Tages behauptete Sergio, dass Kinderradio DDR für die Demokratische Republik Vietnam eine »Gesenkschändung« organisiert hätte.

Eine weitere seiner Wortschöpfungen war die »Interventation«.

Dabei wollte Sergio immer ganz genau sein. Das beweist eine seiner Zeitansagen: »In einer Viertelsekunde wird es 4 Uhr 7.«

»China steht an vierter Stelle der Weltkohlenföderation« beweist auf der anderen Seite, dass er nun auch nicht gerade pingelig war.

Es waren nicht seine letzten Nachrichten, als er die Hörer wissen ließ: »Zum Abschied hören Sie den Wetterbericht.« In diesem beschrieb er das Wetter als »aufkalarend«, allerdings mit etwas »Schanee«.

Unterwegs ins Studio

Der Gebäudekomplex des Rundfunks in der Nalepastraße im Berliner Ortsteil Oberschöneweide entstand aus einem leerstehenden Fabrikgebäude. Die Arbeiten begannen 1951 und dauerten etwa ein Jahr. Im September 1952 wurde der volle Sendebetrieb aufgenommen, das Haus des Rundfunks in der Masurenallee war damit für den Rundfunk der DDR Geschichte.

Architekt des neuen Funkhauses war Franz Ehrlich (1907–1984), der es mit dem Bau von Aufnahmestudios für Musik und Hörspiele, dem sogenannten Block B, 1956 komplettierte. Die Fertigstellung dieses Traktes hatte sich um ein Jahr verzögert, da es am 16. Februar 1955 in einem der Studios zu einem Großbrand gekommen war. 200 Feuerwehrleute bekämpften die ganze Nacht das Flammenmeer. Großer Sachschaden war entstanden. Bereits am Morgen nach dem Brand wurde der Öffentlichkeit ein Brandstifter präsentiert – der Bauingenieur Arno Bade aus Westberlin, der in den Verhören die Tat gestand. Nach neueren Erkenntnissen soll das nicht mit rechten

Dingen zugegangen sein, denn bereits 1961 wurde der Mann voll rehabilitiert. Der Brand war durch erhitzte Baulampen entstanden.

Das gesamte Studiogebäude Block B wurde als Haus-in-Haus-Konstruktion erbaut. Alle Studios haben separate Fundamente mit Hallräumen und Dehnungsfugen, die Aufnahmen frei von äußeren Geräuscheinflüssen ermöglichen.

Der Große Sendesaal hat durch seine Klangqualität internationale Berühmtheit erlangt. Sting spielte in den Studios Alben ein, Musiklabels wie Universal, BMG und Sony nutzen sie für Musikproduktionen, Daniel Barenboim nahm mit der Staatskapelle Berlin Sinfonien und Opern auf und betrachtet den Saal als eines der besten Aufnahmestudios weltweit.

Die gesamte Gebäudeanlage in der Nalepastraße steht heute unter Denkmalschutz.

Franz Ehrlich war Anhänger der Bauhausarchitektur. Die Nazis verurteilten den Kommunisten wegen Vorbereitung zum Hochverrat und deportierten ihn ins KZ Buchenwald. 1939 wurde er aus der Inhaftierung entlassen, aber für das Baubüro in Buchenwald zwangsverpflichtet. Hier gestaltete er die Torinschrift »Jedem das Seine« im Bauhausstil, der bei den Nazis verpönt war.

Ehrlich war nach dem Krieg unter anderem Leiter des Referats für Wiederaufbau in Dresden, Chefarchitekt der Leipziger Messe und der Deutschen Werkstätten Hellerau und maßgeblich an der Gestaltung von Eisenhüttenstadt beteiligt.

Verwundert hat mich, dass die Nalepastraße nie umbenannt wurde. Schließlich verdankt sie ihren Namen dem Kommunalpolitiker und Fabrikanten Paul Nalepa (1846–1900), also einem Kapitalisten, aus Oberschöneweide.

Wir Rundfunkleute hatten sehr gute Arbeitsbedingungen in der Nalepastraße. Dazu kamen zahlreiche soziale Einrichtungen wie Lebensmittelverkaufsstelle, Kantine und Poliklinik. Ich hatte auch nie das quälende Gefühl, jetzt musst du schon wieder arbeiten gehen, obwohl ständige Schichtdienste, Sonntags- und Feiertagsarbeit nicht gerade ein Zuckerschlecken waren. Wenn ich etwas als störend empfunden habe, dann die umständliche Erreichbarkeit des Funkhauses.

Wer aus den nördlichen Bezirken Berlins kam, musste am Bahnhof Ostkreuz in die Straßenbahn umsteigen. Mitarbeiter aus den südlichen Ortsteilen fuhren mit der S-Bahn bis Schöneweide, überwanden die Strecke bis zur Wilhelminenhofstraße per pedes oder mit der Straßenbahn und stiegen dort in eine andere Bahn Richtung Funkhaus. Oder sie fuhren mit der S-Bahn bis Baumschulenweg, liefen etwa zwei Kilometer bis zur Fähre an der Spree, setzten über und schlenderten durch die Kleingartenkolonie Wilhelmstrand bis zum Hintereingang des Funkhausgeländes, der sich unmittelbar am Block B befand. Das war auch immer mein Weg. Normalerweise überhaupt kein Problem, wenn da nicht gelegentlich die unwägbaren Witterungsbedingungen gewesen wären. Bei Nebel fuhr die Fähre nicht, oder der Fährmann verirrte sich auf der Spree und kam ganz woanders raus als vorgesehen. Im Winter war es oft das Eis, das den Fährbetrieb lahmlegte. Fuhr der Kahn nicht, ging es zurück zur S-Bahn und von da gen Ostkreuz. Manchmal hatte man Glück und musste den Weg bis zur Fähre nicht unnütz zurücklegen, weil entgegenkommende Kollegen die Hiobsbotschaft überbrachten: »Fähre stillgelegt.«

Der Umweg über Ostkreuz führte oft dazu, dass die Kollegen nicht pünktlich ihren Dienst antraten. Nun, für die meisten, nicht tagesaktuell arbeitenden Redaktionen war das kein Beinbruch. Für mich folgte daraus, dass ich bei meinem Weg zur Arbeit die Umweg-Zeit stets einkalkulierte. Ich wollte meine Kollegin oder meinen Kollegen zum Schichtende pünktlich ablösen. So einen Zeitpuffer für Unvorhersehbares habe ich bis heute beibehalten, sehr zum Leidwesen derer, die sich in meiner Begleitung befinden. Ich bin zwar kein Royalist, trotzdem halte ich es mit Louis XVIII. von Frankreich: »Die Pünktlichkeit ist die Höflichkeit der Könige!« Wer es bürgerlicher und deutlicher mag, soll mich an den Worten Lessings messen: »Bester Beweis einer guten Erziehung ist die Pünktlichkeit!«

Die gelegentlichen unkalkulierbaren Verkehrsbedingungen am Spreeufer führten gewissermaßen zu einem speziellen Verkehrsfunk für Mitarbeiter des Rundfunks und Bewohner der Kolonie Wilhelmstrand. Fuhr die Fähre nicht, gab es nach dem Wetterbericht eine entsprechende Durchsage beim Berliner Rundfunk und bei der Berliner Welle.

Vielleicht rutschte **Helmut Schwarz** bei einem dieser Hinweise die »Straßenhaltebahnstelle« heraus.

Lothar Wolf ließ uns wissen, der und der »untersuchte um eine Unterredung«, Heinz Stamm »dransalisierte« die Hörer mit einer Nachricht, und Reporter **Udo Krause** schilderte den Empfang einer ČSSR-Delegation durch die Ehrenkompanie mit den Worten: »Vorne auf dem Platz fliegen die Instrumente empor und der Schellenbaum.«

Im Kinderfunk war die Märchenstimmung im Eimer, als Otto Bark zu vernehmen war: »Was macht die Mutter mit dem Wurm, die alte Henne!«

In einer Presseschau, gesprochen von **Anselm Alberty**, bis 1961 einer unserer Westberliner Kollegen, der schon in der Masurenallee für den DDR-Rundfunk arbeitete, erfuhren die Hörer, dass es eine »Westfälische Rundfrau«

gibt. Das war wohl jener »getrübte Blick für das Wesentliche«, den er in einer anderen Sendung hervorhob.

Einer der größten Nazis im Bundestag und der Bundesregierung war Theodor Oberländer. Die Enthüllungen über seine Aktivitäten für den Nationalsozialismus führten zu seinem Rücktritt. Das war natürlich Gegenstand unserer Nachrichten. Horst Gill bezeichnete ihn einmal als »Nazi-Frecher-Oberländer«, was vom Nazi-Verbrecher gar nicht so weit entfernt ist. Als er zurücktreten musste, wehte möglicherweise die »Bundesflocke« auf Halbmast. Oder, Manfred Täubert?

Manchmal wecken Nachrichten das besondere Interesse des Sprechers, nämlich dann, wenn sich der Inhalt mit persönlichen Befindlichkeiten vermengt. So geschehen 1957, als ich in den Nachrichten einen Lottoskandal zu vermelden hatte, der meinen Geburtsort Langenberg bei Gera betraf.

Vielleicht wäre der Lottobetrug unerkannt geblieben, wenn nicht am 13. Oktober 1957 die DDR-Bevölkerung von einer Verordnung zum Geldumtausch überrascht worden wäre. An diesem Sonntag hatte ich Nachtdienst und musste mit meinen Nachrichtensprecher-Kollegen von Radio DDR und dem Berliner Rundfunk unter strengster Geheimhaltung diese Verordnung auf Band sprechen. In den frühen Morgenstunden erfuhr dann die Bevölkerung, dass neue Geldscheine der DM-Ost in Umlauf gebracht wurden. Dieser Aktion lag die Tatsache zugrunde, dass sich durch die offene Grenze große Mengen DDR-Geld in Westdeutschland und vor allem in den Wechselstuben in Westberlin befanden. Der Geldumlauf war nicht mehr kontrollierbar, Schiebern und Spekulanten sollte ein Riegel vorgeschoben werden.

Der Umtausch verlief ganz einfach: Bargeld wurde unter Festlegung eines Limits und nur auf Personalausweis

1:1 umgetauscht. Höhere Summen, die jenseits der Umtauschgrenze lagen, mussten begründet werden und wurden der Polizei gemeldet. Konten und Sparbücher waren davon nicht betroffen. Folglich wurde nun versucht, DDR-Geld aus dem Westen in die DDR zurückzuführen und umzutauschen. Das gelang auch teilweise dadurch, dass Strohmänner, die mit ihrem eigenen Bargeld das Limit nicht erreichten, die Umtauschsumme durch dieses Schwarzgeld aufstockten. Aber das war nur ein Tropfen auf den heißen Stein. Währungsschieber blieben auf dem nun nutzlos gewordenen DDR-Geld sitzen, Wechselstubenbetreiber in Westberlin gingen Pleite. Als ich von meinem Dienst nach Hause fuhr, waren auf dem damaligen Grenz-S-Bahnhof Baumschulenweg Reinigungskräfte damit beschäftigt, in großen Mengen weggeworfene Geldscheine zusammenzufegen.

Der Geldumtausch brachte auch den erwähnten Wettbetrug mehrerer Mitarbeiter der VEB Sportfest-Toto, die sich insgesamt 245 855 DM ergaunert hatten, ans Tageslicht. Im Dezember 1957 wurden hohe Zuchthausstrafen ausgesprochen. Außer Knast und zweifelhafter Berühmtheit hatte den Beteiligten das Ganze also nichts eingebracht. Unbewusst hatte das Manfred Täubert auf den Punkt gebracht: »Die Toten im Sportfest-Toto!«

Solche und ähnliche Kriminalfälle waren Gegenstand der Fernsehserien, die sich mit Straftaten in der DDR beschäftigten. Allerdings ist bis in die Gegenwart ein *Polizeiruf*-Fall ungeklärt. Hervorragende Leistungen im Deutschen Fernsehfunk/Fernsehen der DDR konnten mit der betrieblichen Auszeichnung »Fernsehlorbeer« geehrt werden – in Gold, Silber oder Bronze. Eines der goldenen Exemplare erhielt während einer kleinen Feierstunde in der Kaffeestube auf dem Fernsehgelände auch ein Kollektiv des *Polizeirufs*. Als nach dem gemütlichen Beisammensein die fröhliche Runde zum Aufbruch blies, wurde der »Lorbeer« vermisst. Auch die, die vorzeitig die Feier verlassen hatten, versicherten später, die Auszeichnung nicht an sich genommen zu haben. Trotz intensiver Bemühungen des Ermittlerkollektivs um Hauptmann Fuchs bleibt der »Goldene Lorbeer« bis heute verschwunden.

So ehrenvoll der »Fernsehlorbeer« empfunden wurde, so gnadenlos war der Hinweis auf der Rückseite des aus Meißner Porzellan gefertigten Bildschirms, dass sich der Geehrte nicht auf seinen Lorbeeren ausruhen könne: »Sei stolz auf mich, doch denke dran, dass Lorbeer auch verwelken kann!« Da hatte sich wohl jemand an Schiller erinnert, der uns wissen ließ, dass die Nachwelt dem Mimen keine Kränze flicht.

Die Gesellschaft für deutsche Sprache veröffentlicht in ihren Publikationen auch sogenannte Wortungetüme. Der Begriff »Grundstücksverkehrsregelungsgenehmigungsübertragungsverordnung« besteht aus 67 Buchstaben. Ganze 96 Lettern umfasst das Wortungetüm »Kassenrabattvertragsarzneimittelnichtverfügbarkeitskennzeichnungsfehlerberichtigungsermächtigung«. Nun kann man sagen, dass das sicherlich Ausnahmen sind. Mag sein. Doch »Wachstumsbeschleunigungsgesetz«, »Gemüseproduktionsgesellschaft« oder »Eierschalensollbruchstellenverursacher« sind auch nicht besser und finden sich in unserem Alltag wieder. Oder nehmen wir das Wort »Straßenbahnhaltestelle«, das, wie beschrieben, zum sprachlichen Stolperstein für einen Kollegen wurde. Mit derartigen zusammengesetzten Substantiven hatten wir ständig in den Nachrichten und anderen Texten zu tun. Sekretärinnen war es zu danken, dass solche Bandwürmer durch Bindestriche leichter zu überschauen waren, also zum Beispiel »Straßenbahn-Haltestelle«.

Zu diesem Verfahren waren unsere Kolleginnen gekommen, als sie Ohrenzeuginnen von unglaublichen Fehlinformationen wurden, die sie so nie und nimmer in die Nachrichten geschrieben hatten. Doch als sie sich die Texte noch einmal vornahmen, merkten sie, dass sie nicht ganz unschuldig waren. Sie hatten nämlich die Wortungetüme am Zeilenende zwar silbenmäßig korrekt getrennt, doch dabei nicht bedacht, dass damit dem Sprecher eine Fußangel gelegt wurde. Er verkündete nämlich, dass die »Werktätigen der Schwerin-dustrie« den Plan erfüllt hätten, obwohl die Werktätigen der »Schwer-industrie« gemeint waren. Ebenso stolperte ein Sprecher in einer Betrachtung zu Ludwig van Beethoven über die Feststellung, dass Beethovens »Urin-stinkt«. Das jedoch hat Beethoven nicht zu einem genialen Musiker gemacht, sondern dessen »Ur-instinkt«.

An den Beispielen wird deutlich, wie wichtig manchmal Bindestriche in Texten für Rundfunk- und Fernsehsendungen sind, mitunter auch zur besseren Orientierung beim Teletext, selbst wenn uns Sprachexperten und Dudenverfechter dafür die rote Karte zeigen. Ich versehe meine Sprechertexte noch heute mit Orientierungszeichen, die kein anderer deuten kann. Aber ich kann einen von mir gekennzeichneten Text noch nach Jahren »blind« lesen wie in der Urfassung.

Spaßvögel – oder waren es gar Sprecherzieher? – haben einen Text ins Netz gestellt, bei dem auch ich höllisch aufpassen muss, nicht die Übersicht zu verlieren: Die Geschichte von der Rhabarberbarbara. Lesen Sie den mal laut vor! Er ist im Internet leicht zu finden. Allein der finale Satz ist schon eine Herausforderung: »Nach dem Stutzen des Rhabarberbarbarabarbarenbartes geht der Rhabarberbarbarabarbarenbartbarbier meist mit den Rhabarberbarbarabarbaren in die

Rhabarberbarbarabar, um mit den Rhabarberbarbarabarbarbaren von Rhabarberbarbaras herrlichem Rhabarberkuchen zu essen.«

Nach diesem Zungenbrecher-Text »machen wir jetzt eine kleine Kamera und daran anschließend eine aktuelle Pause«, müssen uns aber nicht unbedingt nach dieser Fernsehansage von Gerlind Ahnert richten.

Fernsehkollege **Richard Krause** war vor allem im Wissenschaftsbereich unterwegs. Und weil er in der Anfangszeit der Sputnik-Ära einer der wenigen Experten auf diesem Gebiet im Fernsehen war, hatte er bald seinen Spitznamen »Raketen-Richard« weg.

Ein Symposium der Krebsforscher nahm er zum Anlass, eine Sendung über diese Forschungsarbeit zu machen. Und so erwähnte er selbstverständlich auch die Mäuse-Leukämie, die bei den Tierversuchen eine große Rolle spielte. Auch bei Raketen-Richard spielte sie eine große Rolle, denn als er den Begriff zum zweiten Mal erwähnte, schlich sich der Versprechervirus ein und infizierte ihn mit der »Läuse-Meukämie ... Läuse-Meukämie ... Läuse ...«

Das war durchaus museumsreif. Auf alle Fälle für das »histerische Museum in Moskau« von Alfred Knop.

Für den sparsamen Umgang mit Elektroenergie gab es an verschiedenen Stellen des Programms entsprechende Hinweise, von denen einer bei **Gerti Schroth** so ausfiel: »Benutzen Sie bitte nur die entbehrlichsten Beleuchtungskörper!«

Das »Weihnachts-Ministerium« bleibt ein Mysterium von **Margarete Gräf**. Nicht aber die Äußerung von Gerd Dehmel am 2. Januar 1960. Da war durchaus zu ahnen, was er den Hörern wünschen wollte, konnte es aber nicht korrekt zum Ausdruck bringen: »Glückgluckglückschglusch!«

Ein Urgestein des Rundfunks war Rolf Schmidt. Beachtenswert sein Werdegang: Redakteur und Reporter, Auslandskorrespondent, Intendant. Darum scherte sich aber **Herbert Kleemann** nicht. Für einen Bericht aus Nahost übergab er an »Nachwuchskorrespondent Rolf Schmidt!«

Wenn ich auf das Datum bei den Versprechern schaue, komme ich oft ins Staunen ob der Klimaverhältnisse. So musste Werner Schettler bereits im April 1960 Hinweise zur Waldbrandgefahr geben. »Die Wiesen und Wälder sind sehr ausgetrocknet und fangen daher leucht Feuer.«

Heinz Stamm verewigte sich als Nachrichtensprecher beim Berliner Rundfunk sowohl mit der »Wiederverewigung« als auch mit der Information über eine Volkskammerwahl, zu der »der Pfarrer gemeinsam mit seinen Gläubigern zur Wahl ging«. »Wer ohne Schulden ist, werfe den ersten Stein!«

Etliche Seiten zurück habe ich das Malheur mit den Filmbüchsen geschildert, die einer Aufnahmeleiterin in den Dreck fielen. An dieser Stelle nun ein Missgeschick, das Aufnahmeleiter **Alfred Munkewitz** wiederfuhr.

Der Eingang zum Fernseh-Programmgebäude wurde allgemein »Wanne« genannt – warum, entzieht sich meiner Kenntnis. Besondere Merkmale waren große Glasscheiben und eine Glastür. Eines Tages war die Scheibe der Tür kaputt. Da auch im Deutschen Fernsehfunk alles seinen »sozialistischen Gang« nahm – was heißt: es dauerte –, blieb die Tür mindestens vierzehn Tage unverglast. Deshalb machte man sich nicht erst die Mühe, beim Eintreten in die »Wanne« die Türklinke zu drücken, sondern stieg einfach durch die Tür durch. So auch Alfred, als er eines Vormittags auf eine Außenproduktion fuhr. Als er am Nachmittag zurückkehrte, klemmte er sich Filmbüchsen und andere Dinge zwischen Hände und Kinn, nahm den Weg zur »Wanne«, trat durch die Tür, hörte es gewaltig klirren und scheppern, zog sich ein paar Schnittwunden zu und machte die persönliche Erfahrung, wie schmerzhaft jähe Wendungen im sozialistischen Alltag sein können.

Zur Erläuterung: Da sich in der DDR die Partei der Arbeiterklasse nie irrte, die Dinge manchmal aber einen anderen Verlauf nahmen als gedacht, waren dafür immer »jähe politische Wendungen« verantwortlich. Dieser verschleiernde Begriff war zum Beispiel für den Aufstand in der Danziger Werft von 1970 gängiges Parteideutsch. Wie in der Politik kam es auch im Falle der »Wanne« zu einer »jähen Wendung« – denn am Vormittag ahnte noch niemand auch nur im Ansatz, dass nachmittags die Tür wieder verglast ist.

Als Anfang der 60er Jahre das Fernsehen aus allen Nähten platzte, Neubauten von der Staatlichen Plankommission aber nicht genehmigt wurden, weil Finanzen und Material dringender für den Wohnungsbau benötigt wurden, richtete man in ganz Berlin Ausweichstellen in nicht vermietbaren Gebäuden oder stillgelegten Gaststätten ein. So saß zum Beispiel im Jahre 1962 die Redaktion Produktions-Propaganda in einer Halbruine in der Schnellerstraße, nahe dem S-Bahnhof Schöneweide. Am 8. März feierte man dort, wie üblich, den Internationalen Frauentag, und **Gerhard Sieler**, zu dessen Verantwortungsbereich die Redaktion gehörte, ließ es sich nicht nehmen, ein paar Gläschen auf das Wohl der Damen zu leeren. Darüber hinaus interessierte er sich dafür, wie die Redaktion untergebracht war. Er inspizierte die Zimmer, und wo sie verschlossen waren, blickte er durchs Schlüsselloch. Ganz aufgeregt kehrte er von seinem Streifzug zurück zu den Feiernden. »Leute, wem gehört denn die tolle

Modell-Eisenbahn da drüben? Das ist ja eine großartige Anlage!« Die Angesprochenen sahen sich erstaunt an. »Eine Modell-Eisenbahn? Hier bei uns?« Sie ließen sich alle ans Schlüsselloch führen und sahen tatsächlich einen tollen Betrieb auf vielen Gleisen, mit Diesel- und Dampflok, Rangierbetrieb und sogar mit der Berliner S-Bahn. Kein Wunder: Es war das Gelände der Deutschen Reichsbahn auf der anderen Seite der Straße!

Das ist doch mal einen Tusch wert: tätärätä!! Oder wir spielen, wie von **Gerda Ratz** avisiert, »die Operette zur Ouvertüre *Polenblut*«. Da ich nun wieder bei den Musikansagen bin, soll's bei diesem Lapsus nicht bleiben.

Bei einer meiner Lesungen besuchte mich eine liebe Freundin aus Kinderfunk- und Nalepastraße-Zeiten, die auch nach 1990 über die Hörfunk-Wellen von RBB und MDR noch oft als Nachrichtensprecherin zu hören war: **Annemarie Forkel-Stöckigt**. Als ich ihr von dem Vorhaben erzählte, dieses Buch zu schreiben, sie kundtat, hin und wieder in der Versprechersammlung von Helmut Pietsch zu blättern, und ich mein Bedauern aussprach, sie nicht unter den »unfreiwilligen Komikern« gefunden zu haben, meinte sie, ich solle doch noch mal genauer hinschauen. Und tatsächlich wurde ich fündig. Annemarie Forkel, wie sie hieß, bevor sie den Pianisten und Professor an der Berliner Musikhochschule »Hanns Eisler«, Siegfried Stöckigt, ehelichte, taufte den Komponisten Orlando di Lasso in »Orlasso di Lando« um. Hörenswert ist auch eine ihrer Entschuldigungen: »Verehrte Hörer, die Weise bei unserer kleinen frohen Panne bitten wir zu entschuldigen!«

Wie sich Altmeisterin Grete Böhme bei den nachfolgenden Beispielen aus der Versprecherschlinge gerettet hat, entzieht sich meiner Kenntnis. Überliefert sind: »Es singt die Sozialistenvereinigung des Berliner Rundfunks« und »hören Sie nun den Donauwallenwälzer«.

Das Wort Helden hat immer etwas Erhabenes. Das verliert sich allerdings sehr schnell, wenn eine große Anzahl von ihnen durch Thankmar Herzig als »zahnlose Helden« tituliert werden.

Preisverdächtig sind der »Nationalbriefträger« und die Musikansage von Hannelore Wüst: »Was macht ein Sehnsucht, wenn er Sehnsucht hat?« Man könnte ja mal einen Seemann fragen.

Horst Gill ist auf den vorangegangenen Seiten schon zu einem guten Bekannten geworden. Von ihm fand ich noch »eine mexikanische Resenade«, »slawonische Tänze« und die »Ouvertüre zur Ofer *Genopepa*«.

Maren Störig gab bei einer ihrer Ansagen den Hörern wirklich ein Rätsel auf. Was meinte sie mit dem »Harnisten-Sextett«? Ein Hornisten-Sextett oder das »Harmonisten-Sextett«? Letzteres war der Fall.

Mit den Worten »Es verschlang ... Verzeihung, es erklang der Schlager-Cocktail« erteilte Herbert Guthke dem verlockenden musikalischen Getränk eine Absage.

Zur Weihnachtszeit bescherte Eva Schwarz den Hörern ein »russisches Spielmannsglied«.

Weihnachten. Das gibt mir die Möglichkeit, auf eine »schöne Bescherung« einzugehen, die der Redaktion der beliebten Fernsehsendung *Zwischen Frühstück und Gänsebraten* widerfuhr, die jeweils am 1. Weihnachtsfeiertag ab 11 Uhr ausgestrahlt wurde. **Horst Rentz**, Leiter Unterhaltung/Musik, schreibt in dem Buch *Patzer und Spratzer* über die spezielle Sendung: 1986 platzten die Lieferverträge für Gänse mit den »Bruderländern« Polen und Ungarn. Deswegen forderte der Minister für Handel und Versorgung persönlich vom Fernsehchef Heinz Adameck, den Titel der Sendung zu ändern. Puten und Enten gäbe es in großer Zahl. Doch eine Änderung des Titels kam für die Fernsehleute nicht infrage, lieber hätten sie einen

Ausfall »aus technischen Gründen« in Kauf genommen. Die Debatten zogen sich bis in die SED-Parteizentrale – letztendlich durften die Gänse über den Bildschirm flimmern, selbst wenn in den Bratröhren der Nation Enten und Puten brutzelten.

Ich kehre zurück zu den Zungen-Artisten.

Bemerkenswert sind nämlich weitere Sprach-Eskapaden in Nachrichten und anderen aktuellen Sendungen.

Günter Polensen berichtete über Afrika, wo auf einem Markt drei Ziegen angeboten wurden: »zwei männliche und ein Bock.«

Ich möchte noch einmal an Harry Teubner erinnern, dessen Nervosität zu einer regelrechten Sprechübung führte: »Der Plan wurde erfüllt mit einundzwanzig beziehungszwanzig fünfundweise Prozent.«

Auch Regine Toelg kann bei Verdrehungen ein Wörtchen mitreden: »Es wurde ihnen schadlicher Stutz gewährt.« Damit ist sie nun schutzlos unserer Heiterkeit ausgeliefert.

Ein Weltrekord war es nicht, trotzdem hat es Lothar Wolf ein weiteres Mal in die Versprecher-Annalen geschafft: »Das sowjetische Flugzeug 201 M hat einen neuen Weltkrieg aufgestellt.«

Horst Gill, das haben wir auf den vorangegangenen Seiten erfahren, war ein sehr vielseitiger Sprecher. So hat er sich auch in der *Presseschau* verewigt, als er eine Betrachtung zum sowjetischen Staats- und Parteichef Nikita Sergejewitsch Chruschtschow zu verlesen hatte: »Ein Mann von unerschütterlichem Willen, ein Kämpfer und Mensch von unordentlichen Gaben.«

Es gibt Versprecher, bei denen ich der jüngeren Generation Erklärungen schuldig bin, damit sie die Zusammenhänge verstehen können. Zunächst aber der Stolperstein von Willy John. Er berichtete über die »Scheckenpferd-Bewegung«. Gemeint war die »Steckenpferd-Bewegung« in der DDR. Diese Initiative von exportierenden Betrieben sollte durch die Übererfüllung des Exportplanes dringend benötigte konvertierbare Währung ins Staatssäckel spülen, um davon Frachtschiffe für die Handelsflotte kaufen zu können.

Den Namen erhielt die Bewegung vom VEB Steckenpferd in Radebeul, einem exportstarken Seifen- und Kosmetikhersteller, der den Exportplan um 100 000 US-Dollar übererfüllen sollte. Die Devisenbeschaffung wurde zu einer Massenbewegung und zeigte negative Auswirkungen auf die Binnenwirtschaft. Die Gier nach konvertierbarer Währung hatte 1960 zum Beispiel dazu geführt, dass sogar Windeln dem Außenhandel zur Beschaffung von Devisen angeboten wurden und für Eltern hierzulande zur »Bückware« wurden. Auch ein offizielles Verbot konnte die Bewegung nicht vollständig eindämmen.

In den Folgejahren kam es, auch ohne »Steckenpferd-Bewegung«, immer wieder zu Engpässen in der Versorgung der Bevölkerung mit hochwertigen Industrie- und Konsumgütern, weil alles, was auch nur eine müde Westmark einbrachte, den Weg in die Kataloge von Neckermann und Otto nahm. Nicht selten enthielten die Westpakete der »Brüder und Schwestern« Artikel, die in Betrieben der DDR hergestellt worden waren. Der Volksmund nannte sie »Mauersegler«.

Um noch einmal auf den VEB Steckenpferd als Seifenhersteller zurückzukommen: Die von Rolf Ripperger anlässlich der Leipziger Messe propagierte »Cord-Seife« stammt nicht aus Radebeul, sondern wohl eher aus den Textilgegenden um Meerane und Hohenstein-Ernstthal und ist eine Verballhornung der dort hergestellten Cord-Seide.

Der erste Verteidigungsminister der BRD hieß Theodor Blank, der später Minister für Arbeit und Soziales wurde. Ihm verdanken die Beitragszahler der Krankenkassen eine Krankenkassen-Reform, durch die sie im Krankheitsfall einen Teil der Arzt-, Krankenhaus- und Heilmittelkosten selbst bezahlen müssen. Die Reform stieß auf Proteste bei den Gewerkschaften, in der SPD und auch bei den Christdemokraten. Natürlich waren die Reform und das Drumherum auch Inhalt unserer Nachrichten. Obwohl es ihn nicht persönlich betraf, kam Herbert Kleemann mit der Blankschen Krankenkassenreform nicht zurecht und machte die Hörer sprachlos mit der »Klank-Krank-Blankschen Krankenkassenreform«.

Wie wir sehen, hat die Umsetzung von Lobbyarbeit in Gesetze und Verordnungen eine lange Tradition. Es ist nicht mehr nachzuweisen, ob Horst Gill das meinte, als er von einem »abgekaterten Spiel« sprach. Ein weiteres Glanzstück vollbrachte Horst, Gott sei Dank nur bei einer Bandaufnahme, als er in einem Beitrag der Kulturredaktion ein finnisches Theaterstück über den Befreiungskampf der Bauern würdigte: »Das Stück ist ein erster schüchterner Versuch zur Selbstbefriedigung der finnischen Bauern.«

Möglicherweise ist für einige Leserinnen und Leser die folgende Geschichte eine olle Kamelle, weil ich sie schon veröffentlicht beziehungsweise des Öfteren bei Veranstaltungen erzählt habe. Da ich sie aber in diesem Sammelsurium von Pannen nicht missen möchte, soll sie zu den Schlusszeilen dieses Buches gehören, obwohl sie keinen Lapsus linguae enthält.

In einer Sendung der *Aktuellen Kamera* im Jahre 1967 hatte ich vor dem Wetterbericht noch eine Durchsage der Volkspolizei zu verkünden: Per Steckbrief wurde ein

Verbrecher gesucht und die Bevölkerung zur Mithilfe aufgerufen, indem ihnen Einzelheiten wie die zuletzt getragenen Kleidungsstücke des bekannten Täters, dessen vermutlicher Aufenthaltsort, Größe und andere Details mitgeteilt wurden. Zur weiteren Unterstützung sollte den Zuschauern ein Bild des Tatverdächtigen gezeigt werden. Als ich den Text sprach »sehen Sie hier ein Bild des Gesuchten«, wurde nicht das Steckbrieffoto eingeblendet, sondern meine Person den Zuschauern gezeigt, da Bildredakteur und Regisseur vergessen hatten, das Foto richtig einzusortieren.

Und wie ja bekannt, braucht, wer den Schaden hat, für den Spott nicht zu sorgen. So kam es noch zu der fantasievollen Geschichte, dass am nächsten Morgen der Abschnittsbevollmächtigte an meiner Wohnungstür klingelte. Als ich öffnete, bat er mich um ein Alibi für die Tatzeit, da ich ja als Verdächtiger im Fernsehen gezeigt worden sei. Nachdem er mich über die Tatzeit ins Bild gesetzt hatte, schaute ich in meinem Kalender nach und konnte ihm versichern, dass ich an diesem Tag und zu dieser Zeit die *Aktuelle Kamera* gesprochen hätte. »Na, Gott sei Dank«, meinte er. »Noch eine Frage, hat Sie da jemand gesehen?«

Bleibt mir noch zur Verabschiedung **Wolfgang Böttner** zu bemühen: »Und damit, meine sehr verehrten Damen und Herren, verabschalten wir uns für heute von Ihnen!«

Bestimmt ist noch viel mehr an sprecherischen Irrungen und Wirrungen über die Sender gegangen, als ich notiert habe. Doch wie sagte schon mein verehrter Kollege Hans Hildebrandt: »Alles hat nun mal sein Hemde!«

Auf Wiederhören, verehrte Hörerinnen und Hörer!

ISBN 978-3-359-01702-8

3. Auflage
© 2016 Eulenspiegel Verlag, Berlin
Umschlaggestaltung: Verlag
Druck und Bindung: GGP Media GmbH, Pößneck

Die Bücher des Eulenspiegel Verlags
erscheinen in der Eulenspiegel Verlagsgruppe.

www.eulenspiegel.com